ESCUADRA HACIA LA MUERTE
LA MORDAZA

clásicos Castalia

COLECCIÓN FUNDADA POR
DON ANTONIO RODRÍGUEZ-MOÑINO

DIRECTOR
DON ALONSO ZAMORA VICENTE

Colaboradores de los volúmenes publicados:

J. L. Abellán. F. Aguilar Piñal. José M.ª Alín. G. Allegra. A. Amorós. F. Anderson. R. Andioc. J. Arce. I. Arellano. E. Asensio. R. Asún. J. B. Avalle-Arce. F. Ayala. G. Azam. P. L. Barcia. G. Baudot. H. E. Bergman. B. Blanco González. A. Blecua. J. M. Blecua. L. Bonet. C. Bravo-Villasante. J. M. Cacho Blecua. M.ª J. Canellada. J. L. Cano. S. Carrasco. J. Caso González. E. Catena. B. Ciplijauskaité. A. Comas. E. Correa Calderón. C. C. de Coster. D. W. Cruickshank, C. Cuevas. B. Damiani. A. B. Dellepiane. G. Demerson. A. Dérozier. J. M.ª Diez Borque. F. J. Diez de Revenga. R. Doménech. J. Dowling. A. Duque Amusco. M. Durán. P. Elia. I. Emiliozzi. H. Ettinghausen. A. R. Fernández. R. Ferreres. M. J. Flys. I.-R. Fonquerne. E. I. Fox. V. Gaos. S. García. L. García Lorenzo. M. García-Posada. G. Gómez-Ferrer Morant. A. A. Gómez Yebra. J. González-Muela. F. González Ollé. G. B. Gybbon-Monypenny. R. Jammes. E. Jareño. P. Jauralde. R. O. Jones. J. M.ª Jover Zamora. A. D. Kossoff. T. Labarta de Chaves. M.ª J. Lacarra. J. Lafforgue. C. R. Lee. I. Lerner. J. M. Lope Blanch. F. López Estrada. L. López-Grigera. L. de Luis. I. R. Macpherson. F. C. R. Maldonado. N. Marín. E. Marini-Palmieri. R. Marrast. F. Martínez García. M. Mayoral. D. W. McPheeters. G. Mercadier. W. Mettmann. I. Michael. M. Mihura. J. F. Montesinos. E. S. Morby. C. Monedero. H. Montes. L. A. Murillo. R. Navarro Durán. A. Nougué. G. Orduna. B. Pallares. J. Paulino. M. A. Penella. J. Pérez. M. A. Pérez Priego. J.-L. Picoche. J. H. R. Polt. A. Prieto. A. Ramoneda. J.-P. Ressot. R. Reyes. F. Rico. D. Ridruejo. E. L. Rivers. E. Rodríguez Tordera. J. Rodríguez-Luis. J. Rodríguez Puértolas. L. Romero. J. M. Rozas. E. Rubio Cremades. F. Ruiz Ramón. C. Ruiz Silva. P. E. Russell. G. Sabat de Rivers. C. Sabor de Cortazar. F. G. Salinero. J. Sanchis-Banús. R. P. Sebold. D. S. Severin. D. L. Shaw. S. Shepard. M. Smerdou Altolaguirre. G. Sobejano. N. Spadaccini. O. Steggink. G. Stiffoni. R. B. Tate. J. Testas. A. Tordera. J. C. de Torres. I. Uría Maqua. J. M.ª Valverde. D. Villanueva. S. B. Vranich. F. Weber de Kurlat. K. Whinnom. A. N. Zahareas. A. Zamora Vicente. I. de Zuleta.

ALFONSO SASTRE

ESCUADRA HACIA LA MUERTE
LA MORDAZA

Edición,
introducción y notas
de
FARRIS ANDERSON

SEXTA EDICIÓN

clásicos castalia

Madrid

Cubierta de Víctor Sanz

Impreso en España - Printed in Spain
Unigraf, S. A. Móstoles (Madrid)

I.S.B.N.: 84-7039-187-9
Depósito Legal: M. 24.737-1988

SUMARIO

INTRODUCCIÓN
BIOGRÁFICA Y CRÍTICA

I. ALFONSO SASTRE EN EL TEATRO ESPAÑOL CONTEMPORÁNEO

ALFONSO Paso, Antonio Buero Vallejo y Alfonso Sastre son los principales dramaturgos españoles de la posguerra. Puede parecer ésta una afirmación extraña, tratándose de tres autores entre los que median tan enormes diferencias de éxito comercial, formas dramáticas, postura política y conjunto de valores morales. Pero es que el teatro es una institución de muchas caras, y la intervención de un escritor en las actividades teatrales de su país puede asumir muchas formas y puede ser significativa por razones muy diversas entre sí. Paso, Buero y Sastre representan aspectos muy distintos de la experiencia del teatro en España después de la Guerra Civil, pero también se complementan. Cada uno ha hecho una aportación esencial, y cada uno es, dentro de los límites de lo que se ha propuesto ser, el escritor más destacado del teatro español contemporáneo.

Alfonso Paso es el comediógrafo comercial por excelencia. Pasa por unas inquietudes juveniles que se manifiestan en su intervención en el grupo experimental "Arte Nuevo" (1945-1948). Luego se dedica a cultivar un género comercial que le va a conseguir incontables estrenos y millones de pesetas. Es un género que no aporta nada nuevo a la escena española ni abre nuevas brechas para el arte dramático: un género que representa la prolongación del juguete cómico y de la comedia benaventina en su modo trivializado —una fórmula sin trascendencia que es, a su vez, síntesis de las fórmulas más provechosas del teatro español del siglo XX.

A Paso se le ha despreciado persistentemente por su falta de idealismo, su teatro de sensibilidad chabacana y su comercialismo cínico. Estas acusaciones son acertadas. La aportación de Alfonso Paso al teatro español contemporáneo no consiste en innovaciones formales, ni en intentos de ensanchar los horizontes estéticos e intelectuales del público, ni en preocupaciones por los problemas sociales y espirituales de los españoles de la posguerra. Todo lo contrario: lejos de preocuparse por las condiciones que le rodean, Paso se ha aprovechado de ellas.

Pero ante la indignación que a muchos les inspira la obra de este escritor, conviene recordar que en un sentido práctico, Paso ha sido un factor positivo para el teatro español de la época actual. En un momento histórico en que el teatro está dejando de ser económicamente viable en casi todos los países occidentales, un momento en que las formas de vida burguesas hacen que la gente salga cada vez menos a presenciar espectáculos comunitarios, un momento en que el teatro —y hasta el cine— está siendo sustituido por la televisión —en tal momento crítico, Paso ha sabido atraer gente al teatro. Con su gran habilidad escénica y su productividad impresionante, le ha dado al teatro español de estos años una infusión económica sin la cual seguramente habría languidecido aún más. Si las comedias de Paso son insignificantes artística e intelectualmente, hay que reconocer sin embargo que ha sido Paso, más que ningún otro autor, el que ha mantenido a flote el mecanismo económico del teatro español de estos años.

La importancia de Antonio Buero Vallejo es algo distinta. El lugar destacado que tiene Buero dentro del panorama teatral español contemporáneo se debe fundamentalmente al hecho de ser Buero el único dramaturgo de esta época que ha conseguido cierto éxito de público con un teatro que hace pensar y que tiene dignidad artística. Ni el grado de éxito comercial, ni el número de estrenos, ni el número de obras escritas por Buero se aproximan a los de Alfonso Paso. Pero Buero nunca ha pretendido producir obras teatrales con la facilidad mecánica y la frecuencia asombrosa de su colega. Escribe despacio, a veces penosamente, como él mismo reconoce. Pero a lo largo de veinticinco años de escribir para el teatro, Buero ha producido diecinueve obras dramáticas, de las que diecisiete se han estrenado por compañías profesionales en España. Casi todas las obras estrenadas han permanecido en cartelera durante una temporada respetable.

El hecho de que Buero haya podido estrenar con pocos impedimentos oficiales significa, con toda evidencia, que ideológicamente se ha quedado dentro de los límites permitidos, o que ha consentido modificaciones en sus obras cuando eran indispensables para que éstas alcanzaran el escenario. Su éxito de público significa una disposición —y una capacidad— para presentar formas, caracteres y sugerencias ideológicas aceptables al público español. En fin, un teatro "posible", como se ha señalado tanto, a veces acusatoriamente, a partir de la amarga polémica que tuvo este autor con Sastre en 1960. No nos interesa prolongar esa polémica ni empleamos el adjetivo "posible" en sentido peyorativo. El teatro de Buero es "posible" en los sentidos precisos ya notados, y su posibilidad se ha logrado sin beneficio de fórmulas chabacanas, personajes fantochescos o situaciones ajenas a la experiencia humana.

Si Buero ha encontrado que un digno teatro "posible" es el que corresponde a su talento, temperamento y aspiraciones, y si Paso ha encontrado que un teatro francamente comercial es el que corresponde a los suyos, Alfonso Sastre ha descubierto su cauce dramático y personal en una postura tenazmente dialéctica frente a las instituciones teatrales y sociales que le rodean. Desde 1967 esta postura se ha manifestado concretamente en la ausencia total de Sastre de los escenarios madrileños —ausencia que se debe a un complejo engranaje de factores, entre ellos unas concepciones escénicas que caen fuera de las tradiciones españolas, una ideología social problemática, y el hecho de que Sastre ya no escribe obras destinadas a los teatros profesionales españoles. [1] Para estrenar —es decir, para ser política y comercialmente viable— Sastre tendría que escribir obras y llevar una vida personal que le resultan inaceptables. Frente a estas exigencias ha preferido retirarse de la lucha por estrenar en la España de hoy. Sigue escribiendo voluminosamente: obras dramáticas, traducciones, ensayos. De ninguna manera se ha retirado de la vida intelectual de su país. Pero de un tiempo a esta parte escribe principalmente para desarrollar su propio mundo teórico y para satisfacer sus inquietudes artísticas, más que para intervenir directamente en la vida teatral madrileña.

Se le ha acusado a Sastre de "autocensura" y "autoimposibilitación", dando a entender que las dificultades prácticas que ha tenido Sastre son de su propia fabricación, y que ha asumido el papel de mártir porque no era capaz de hacer otra cosa. Esta interpretación es, en el mejor de los casos, simplista, y en el peor, maliciosa. Sastre ha demostrado de sobra que tiene un extraordinario talento dramático y literario, y no necesita pedirle perdón a nadie por la postura que mantiene ahora. Es cierto que la situación en que se encuentra es de su propia fabricación, si entendemos con eso que él rechazó alternativas que podían haberle facilitado el éxito. Pero al rehusar esas alternativas Sastre no ha hecho más que seguir el desarrollo de la inquieta dialéctica que siempre ha caracterizado sus labores dramáticas y prácticas. La postura revolucionaria y desafiante que mantiene Sastre

---

[1] Casi se puede decir que la presencia de Sastre en los escenarios profesionales de Madrid se acaba en 1961, con el estreno de *En la red*. El estreno de 1967 es *Oficio de tinieblas,* obra que no se cuenta entre las más logradas de Sastre, y cuyo estreno no constituyó un suceso teatral de gran importancia ni para Sastre ni para el público madrileño.

ahora, y su rechazo de las opciones provechosas que en principio se le ofrecían, son completamente consistentes con los principios éticos y artísticos que ha mantenido durante casi veinticinco años.

Por supuesto, el teatro de Sastre no fue siempre "imposible" en un sentido práctico, ni Sastre estuvo siempre al margen de la batalla por estrenar. Entre 1953 y 1961 tiene siete estrenos importantes y escribe otras cinco obras que no consigue estrenar —o por prohibición de censura o porque ningún empresario quiere correr el riesgo de montar la obra de un autor de tendencia experimental y política problemática. Total, que durante los años 1950 Sastre participa plenamente en las batallas de la escena española, no siempre con éxito pero sí siempre con energía. Su automarginación, su rechazo desafiante a la maquinaria del teatro español, data de los años 1960 y se debe en parte a la "zozobra próxima a la exasperación" [2] que experimenta a lo largo de los 1950, a medida que su postura sociopolítica se va definiendo y las posibilidades profesionales, por consiguiente, se le van encogiendo.

Pero insistimos, porque es esencial para entender la obra y el pensamiento de Sastre, en que su postura actual representa la evolución natural de la actitud que ha predominado en él desde el principio: una actitud dialéctica, cuestionante, que se manifiesta tanto en sus ensayos como en su obra dramática a partir de 1950. La dialéctica de Sastre asume varias formas y pasa por una evolución muy marcada, pero en alguna forma siempre está presente, como actitud intelectual, postura práctica y recurso dramatúrgico. En ella se basa la unidad de la vasta producción literaria de Sastre, y a ella se debe el lugar destacado de Sastre en las letras españolas de la posguerra.

---

[2] Frase que emplea Sastre en 1960 para calificar su situación profesional, en una carta a José María Ortiz, Jefe del Departamento Nacional de Teatro, Ministerio de Información y Turismo. (3 diciembre 1960.)

II. PERFIL BIOGRÁFICO DE UN ACTIVISTA TEATRAL

Alfonso Sastre nace en Madrid el 20 de febrero de 1926. Inevitablemente, sus más destacados recuerods de niñez son los de la Guerra Civil. Los años de la guerra los pasa en casa de sus padres, en la calle Ríos Rosas. "Las impresiones más fuertes que guardo de la guerra —dice Sastre— son el hambre y los bombardeos. Un día comíamos patatas —si las había— y al día siguiente las cáscaras de las patatas. En cuanto a los bombardeos, me daban terror, como era natural en un niño de diez años."[3] Difícil sería no ver en estas impresiones infantiles anticipación de futuros temas centrales de la obra literaria de Sastre: el hambre, como ingrediente de la miseria humana y de la injusticia social; y los terrores nocturnos que acosan al hombre, sin que éste se pueda defender, y a veces sin que pueda reconocer siquiera las fuerzas colosales que le persiguen y atormentan.

Sastre ha ingresado en el bachillerato un mes antes de estallar la guerra. Sus estudios oficiales se suspenden forzosamente durante los años conflictivos. Sin embargo, sigue leyendo y estudiando por su propia cuenta y en una academia particular. Es precisamente en este academia donde Sastre conoce a unos compañeros que luego seguirán la misma trayectoria hacia la vida teatral: Alfonso Paso, Medardo Fraile y Carlos José Costas. Acabado el bachillerato en 1943, Sastre y sus compañeros de academia quieren dedicarse plenamente al teatro. No les interesa hacer estudios universitarios ni preparar ninguna profesión más que la teatral, pero bajo las presiones familiares, Sastre y Paso empiezan estudios de ingeniería. Esta carrera dura sólo unas pocas semanas —"No teníamos vocación", explica Sastre; luego se les ocurre hacerse aduaneros. Están tres años

    [3] Entrevista con Alfonso Sastre, 31 julio 1973. Esta entrevista es también la fuente de los demás comentarios atribuidos a Sastre, de no indicarse otra.

intentando ingresar en la Escuela Oficial de Aduanas, proyecto que tampoco llega a realizarse.

Por fin entrarán en la universidad, pero no antes de colaborar, en 1945, en la fundación del grupo de teatro experimental Arte Nuevo. Integran este grupo Sastre y los compañeros ya mencionados, más algunos más procedentes del Real Conservatorio de Música y Declamación. Era Arte Nuevo un experimento idealista y rebelde, deseoso de hacer reformas fundamentales en el teatro español que por esos años se encontraba anquilosado en una chabacanería de comediecillas triviales, melodramas sentimentales y unas prácticas escénicas anacrónicas. Los fundadores de Arte Nuevo querían crear un teatro interesante *español,* dado que el único teatro de algún interés que se veía en Madrid en los años 40 —excepto algunas obras de Jardiel Poncela— era teatro extranjero. "Arte Nuevo era una forma de decir 'no' al teatro que nos rodeaba", explica Sastre: clave de la actitud dialéctica que le llevaría a decir "no" de muchas formas a las instituciones teatrales y sociales de España. Los jóvenes de Arte Nuevo escribían sus propias obras y las montaban según normas escénicas bastante más modernas que las que predominan en el teatro español del día. La aportación de Sastre a los esfuerzos de este grupo consistió en cuatro obras en un acto —sus primeras obras teatrales.

Arte Nuevo duró unos dos años y por fin se disolvió a causa de dificultades económicas. Visto hoy con la perspectiva histórica de un cuarto de siglo, ¿cuál fue el significado de ese experimento teatral? Ciertamente, no tuvo ningún efecto en el teatro español profesional, que siguió tranquilamente con su programación paupérrima y sus concepciones escénicas del siglo pasado. "Arte Nuevo fue un fenómeno insignificante", dice Sastre. Y seguramente tiene razón, respecto a los logros concretos e inmediatos del grupo. Pero en un sentido histórico, es posible que este experimento no fuera tan insignificante. Proporcionó un aprendizaje a jóvenes hombres de teatro que luego habían de ser figuras importantes del teatro profesional: Sastre, Alfonso Paso, José María de Quinto, Miguel Narros. Y anunció y canalizó unas inquietudes juveniles que dentro de poco se convertirían en una renovada seriedad en el teatro español de los años 1950 y 1960.

Sastre había ingresado en la Universidad de Madrid en 1946, en la Facultad de Filosofía y Letras, Sección de Filosofía. Confiesa que sus actividades teatrales le apasionaban bastante más que las tareas académicas: al mismo tiempo que seguía los cursos universitarios, estaba escribiendo teatro y trabajando con diversos grupos de aficionados. En 1948 se incorporó a la revista estudiantil *La Hora,* y se encargó de su página de teatro: comienzo de una fecunda labor crítica que había de producir centenares de artículos y ensayos sobre el teatro y su contexto social. Es a través de este trabajo en *La Hora* que Sastre empieza a comprender la capacidad que puede tener el teatro para la denuncia social. En 1950 esta nueva conciencia le lleva a publicar, con José María de Quinto, el manifiesto del Teatro de Agitación Social: proyecto con el que los dos compañeros del extinto Arte Nuevo proponen presentar al público español la obra de algunos dramaturgos contemporáneos poco o nada conocidos en España: O'Neill, Miller, Sartre, Brecht y otros. A diferencia de Arte Nuevo, el T.A.S. se concebía como grupo profesional, y en su programación había de elegir obras según su capacidad para elevar la conciencia social del público. Pero el proyecto fue prohibido y no llegó más allá de la etapa puramente teórica. [4]

La década que sigue a la campaña del T.A.S. representa en la vida de Sastre una etapa activa y turbulenta. En 1953 termina los estudios universitarios; el último año lo cursa matriculado en Murcia, pero viviendo en Madrid, porque en Murcia le resulta más fácil matricularse como estudiante libre y así seguir dedicán-

---

[4] El manifiesto del T.A.S. está publicado en *Alfonso Sastre,* prólogo de José Monleón, Madrid, 1964, Taurus.

dose a las actividades teatrales. Hace todas las asignaturas de la carrera, pero no se presenta al examen de reválida, de modo que no recibe el título. Mientras tanto ha empezado a escribir obras teatrales de duración normal. En marzo de 1950 termina *Prólogo patético* —obra que ha de pasar por varias frustradas tentativas de montaje hasta que por fin es oficialmente prohibida en 1954. En diciembre de 1951 termina *El cubo de la basura* y empieza la monumental *Escuadra hacia la muerte*: obra en la que va a recoger la esencia de su teatro anterior y juvenil, al mismo tiempo de plantear las vías generales de su obra posterior. *Escuadra hacia la muerte* surge por el proyecto de un empresario inglés de llevar a Londres un grupo teatral español, con una obra española nueva. El grupo ha de constituirse por los antiguos miembros de Arte Nuevo, y Sastre escribe *Escuadra hacia la muerte* especialmente para este grupo y con miras a un estreno en Londres. Dado el carácter experimental de la compañía y el destino londinense de la obra, Sastre no se siente, al escribirla, condicionado por las convenciones de la escena española; así se explica la ausencia de personajes femeninos, la estructura no convencional, y la escena de extraordinaria violencia que es el asesinato del Cabo. El proyecto de Londres no llega a cuajar, y el 18 de marzo de 1953 *Escuadra hacia la muerte* es estrenada por el Teatro Popular Universitario en el Teatro María Guerrero de Madrid, bajo la dirección de Gustavo Pérez Puig. Aunque la obra se prohibe por orden oficial a la tercera representación, Sastre se ha establecido como un joven dramaturgo de extraordinaria promesa.

En septiembre de este mismo año Sastre escribe *El pan de todos* —obra que al año siguiente será prohibida— y compone el plan de *La mordaza,* obra que escribirá al año siguiente en un cuartel donde está cumpliendo el servicio militar. El 17 de septiembre de 1954, el estreno de esta obra en el Teatro Reina Victoria de Madrid, bajo la dirección de José María de Quinto, marca la plena entrada de Sastre en el teatro español profesional. Este mismo año escribe *Tierra roja,* y al siguiente, en una explosión creativa, escribe *Ana Kleiber, La sangre de Dios, Muerte en el barrio,* y *Guillermo Tell tiene los ojos tristes. La sangre de Dios* se estrena en Valencia; *Muerte en el barrio* y *Guillermo Tell...* son prohibidas. También en 1955 Sastre contrae matrimonio con Genoveva Forest.

1956: Nace su primer hijo, Juan. En febrero Sastre es detenido y procesado por haber participado en el movimiento estudiantil. Es el único procesamiento que ha tenido hasta la fecha (o después) y es absuelto. Va a París por seis meses, con beca de la UNESCO, para estudiar teatro. Escribe *El cuervo* y publica *Drama y sociedad,* su primer libro de teoría dramática. Consiste en ensayos previamente publicados, más una parte original.

1957: *El pan de todos* se autoriza con cortes, y en enero se estrena en Barcelona. A Sastre le sorprende la acogida que tiene la obra: muchos la comprenden como declaración antirevolucionaria, y Sastre mismo decide retirarla. En Madrid Claudio de la Torre estrena *El cuervo* en el María Guerrero.

1958: Escribe y estrena una versión de *Medea,* de Eurípides. Empieza a explorar el género narrativo escribiendo una novela corta, *El paralelo 38.* Nace su segundo hijo, Pablo.

1959: Empieza a estudiar las teorías dramáticas de Bertolt Brecht: encuentro que le llevará a escribir numerosos artículos de espíritu polémico sobre las teorías y el teatro del gran escritor alemán. Escribe *Asalto nocturno,* que no llega a estrenarse en el María Guerrero, a pesar del interés por la obra que demuestra Claudio de la Torre. De mayo a junio escribe *En la red,* y en el otoño escribe *La cornada.*

En 1960 *La cornada* se estrena en el Teatro Lara. Su éxito de público es mediano y se piensa retirarla después de unos quince días, pero su vida en cartel se prolonga gracias a una generosa carta a favor de la obra que publica José María Pemán. Data también de 1960 la amarga polémica sobre el "posibilismo" que lanzan Sastre y Antonio Buero Vallejo desde las páginas de *Primer acto*. En resumen, Buero mantiene que el arte siempre tiene que ajustarse a lo que es posible en un lugar y un momento determinados, y que siempre es preferible que una obra evite la censura y llegue al público, aunque en esa obra el autor no haya dicho todo lo que hubiera querido decir. Sastre, en cambio, mantiene que el artista que acepta los límites oficiales impuestos a su trabajo acaba legitimizando esos límites, y así contribuye a su consolidación. El escritor, dice Sastre, debe mantener siempre una actitud de sorpresa ante los obstáculos oficiales, tratándolos como accidentales y anormales, y no como estructuras aceptables para el trabajo artístico e intelectual. ¿Cómo enfoca Sastre esa polémica hoy, quince años después?

> Tanto Buero como yo estábamos equivocados. Las dos posiciones se han mostrado ineficaces para la acción social, para cambiar las cosas. Buero ha sido absorbido por el sistema y yo, como autor teatral, he sido liquidado por el mismo sistema. La postura que hay que mantener frente a la necesidad del cambio social es simplemente luchar políticamente —y eso no lo puede hacer ni el teatro posibilista ni el llamado "imposibilista". Yo he sido un poco ingenuo al pensar que el teatro podía aportar algo al cambio político. Ahora veo que la eficacia social del arte es largoplacista: puede elevar la sensibilidad y la inteligencia de un pueblo, pero no puede tener mucho efecto en las luchas inmediatas que se imponen. Por supuesto, no he llegado a pensar que el arte no sirve para nada; simplemente, no sirve para lo que yo creía. [5]

1960 es también el año de la fundación del Grupo de Teatro Realista, otro grupo teatral disidente concebido por Sastre y Quinto y anunciado en un manifiesto

---

[5] En otra entrevista reciente, Sastre hace declaraciones parecidas acerca de la inutilidad política del teatro. Véase Diego Galán y Fernando Lara, "Alfonso Sastre: un compromiso irrevocable", *18 españoles de posguerra*, Barcelona, 1973, Planeta.

publicado en este año. El G.T.R., como el T.A.S., se concebía como grupo de teatro profesional, y como medio de proporcionarle al público madrileño obras contemporáneas de alto nivel ideológico y artístico. Específicamente, el G.T.R. proponía traer el realismo a la escena española, y en el manifiesto se declaraba que el objetivo del grupo era "una investigación práctico-teórica en el realismo y sus formas".[6] El G.T.R. pudo hacer bastante más que su predecesor, el T.A.S. No sólo publicó documentos importantes acerca del teatro español, sino que en 1961 tuvo tres estrenos: *Vestir al desnudo,* de Pirandello; *El tintero,* de Carlos Muñiz; y *En la red,* de Sastre. El G.T.R. se acabó después de una temporada, bajo el peso de los problemas oficiales y económicos.

Sastre ya no tendrá más estrenos importantes después de *En la red* —sólo *Oficio de tinieblas* en 1967— pero sin embargo los 1960 y 1970 son años de vigorosísima actividad literaria para él. Escribe y estrena versiones de obras de Strindberg, Langston Hughes, Sean O'Casey, Peter Weiss y Sartre. Publica una biografía literaria de Miguel Servet. Sigue explorando la vía terrorífica, planteada anteriormente en algunas obras de teatro, con *Las noches lúgubres* y luego con *Ejercicios de terror.* Publica dos libros de teoría y crítica: *Anatomía del realismo* y *La Revolución y la crítica de la cultura* —este último motivo de animadas polémicas dentro de la izquierda española. En 1967 publica en Aguilar el primer tomo de sus *Obras completas* —monumento al trabajo de veinte años. En su obra dramática Sastre entra, a partir de 1962, en una nueva etapa: se pone a cultivar un estilo irónico, desmitificador, postbrechtiano. Y sigue colaborando en varias revistas españolas: *Triunfo, Primer acto, Cuadernos para el diálogo.*

---

[6] Alfonso Sastre y José María de Quinto, "Declaración del G.T.R.", en *Alfonso Sastre,* prólogo de José Monleón. Otros artículos sobre el G.T.R. se encuentran en Alfonso Sastre, *Anatomía del realismo,* Barcelona, 1965, Seix Barral.

Su pasaporte, que le había sido retirado a raíz de los sucesos de 1956, le fue devuelto unos años después, y en los 1960 y 1970 los viajes y las amistades internacionales llegan a ser una dimensión esencial de la labor intelectual y revolucionaria de Sastre. Viaja tres veces a Cuba —en 1964, 1967 y 1972— la segunda vez al Congreso Cultural de la Habana, la tercera como jurado del Premio Casa de las Américas. En 1969 viaja a Colombia como jurado del Festival de Teatros Universitarios de Manizales. Con invitación del gobierno de Salvador Allende, va a Chile en 1971. Ese mismo año pasa una temporada en Suecia, contratado para escribir una obra para la televisión sueca. La obra es *Askatasuna,* drama del movimiento vasco en España. Se estrena en Suecia, Noruega y Finlandia; pero luego, en el Festival de Teatro Televisivo de Praga, es retirada ante una protesta de la delegación española. Sastre todavía no ha viajado a Estados Unidos; fue invitado por la Pennsylvania State University a dar un seminario en 1965, pero no se le concedió el visado para entrar en los Estados Unidos.

¿Perspectivas desde 1973? Una colección de entrevistas y artículos sobre individuos destacados de nuestro tiempo, que con el título *Terrarium* saldrá en la editorial Grijalbo. Un libro sobre la imaginación para la misma editorial. Una novela, todavía no empezada: *Necrópolis* —continuación de la línea terrorífica. Y seguir luchando...

III. El teatro de Alfonso Sastre

Aunque Alfonso Sastre ha afirmado hace poco que él no es exclusivamente, ni siquiera principalmente, un autor de teatro, es sin embargo su producción dramática la que más nos interesa aquí. [7] Además de las dos

---

[7] Esta declaración de Sastre se encuentra en Diego Galán y Fernando Lara, *op. cit.* La obra no dramática de Sastre está estudiada en Farris Anderson, *Alfonso Sastre,* New York, 1971, Twayne Publishing Company.

obras incluidas en este tomo, Sastre es autor de veintidós obras de teatro, sin contar dos piezas de teatro infantil. El suyo es un teatro de investigación y revelación, y nunca de propaganda. Es un teatro rico en experiencias humanas y en sutileza poética. Sastre ha comprendido siempre que la fuerza dramática no se consigue dando soluciones panfletarias a problemas complejos, sino haciendo preguntas acerca de esos problemas. No se logra por medio del dogma, sino por la revelación social y existencial. "El sentido del trabajo intelectual y artístico está en aclarar el mundo", dice Sastre, [8] y su producción dramática es testimonio a esta misión inquietante y reveladora que Sastre se ha planteado.

Todo el trabajo de Sastre está montado sobre un irrevocable compromiso con la dignidad humana, y su exploración de la condición del hombre contemporáneo implica una revelación de los acondicionamientos sociales. Pero éstos no se enfocan desde un dogma rígido, sino con un espíritu analítico que incluso permite que el propio autor se sorprenda a veces ante sus descubrimientos:

> Digo que el trabajo dramático es, para mí (...), una *investigación* y no una *ilustración* de tesis ideológicas previas. Bien, esto no quiere decir que yo parta del vacío ideológico, como tampoco parten del vacío ideológico los pensadores propiamente dichos, los investigadores, etc. Mi "punto de partida" es, esto sí, modificable por el trabajo dramático que, en alguna ocasión, ha llegado a someter a una crítica muy dura a mis propias convicciones ideológicas "previas", enriqueciéndolas de este modo: modificándolas dialécticamente. [9]

Es por esta actitud inquieta, interrogante y fluida que un crítico ha caracterizado el teatro de Sastre como "la expresión dramática de una dialéctica en marcha". [10]

[8] Carta de Sastre a Farris Anderson, 29 diciembre 1964.
[9] *Ibid.*
[10] Domingo Pérez Minik, "Alfonso Sastre: Ese dramaturgo español desplazado, provocador e inmolado", en Alfonso Sastre, *Obras completas*, I, Madrid, 1967, Aguilar, p. xxix.

Sastre ha empleado diversas formas dramáticas que corresponden a la experiencia humana representada en una obra determinada, y a la perspectiva que Sastre desea aportar a esa experiencia. La evolución de las formas y técnicas dramáticas de Sastre, y la correspondiente imagen de la experiencia humana, corresponden generalmente, aunque no rígidamente, a tres etapas en la carrera de este autor. La primera incluye los años 1946-1949; la segunda, 1950-1961; y la tercera comienza a partir de 1962.

La primera época de Sastre abarca los años de su trabajo con Arte Nuevo. A esta época pertenecen cuatro obritas en un acto: *Cargamento de sueños, Uranio 235, Ha sonado la muerte* y *Comedia sonámbula* —estas dos últimas escritas en colaboración con Medardo Fraile. [11] Muchos años después, Sastre describiría el teatro de Samuel Beckett como "la escenificación de una agonía". [12] Aunque haría esta calificación con intento crítico, es aplicable a sus propias obras juveniles y a tres obras escritas durante los 1950. Son estas obras lo que podríamos llamar "dramas de frustración": dramas que presentan un mundo en que la acción humana es imposible, en que los personajes son inferiores a sus circunstancias y se encuentran sofocados por ellas. Estas obras carecen de perspectiva social; los personajes existen fuera de la historia, aislados en el mundo atemporal de su propia agonía. Más que miembros de una colectividad social, son individuos suspendidos en el tiempo y el espacio. Las presiones que les afligen no proceden de la injusta organización de las sociedades humanas, sino de la injusta organización del universo. De acuerdo con su imagen de la impotencia y la confusión humanas, estas obras tienen formas experimentales, vanguardistas. Para plasmar en forma teatral un mundo

[11] En esta breve clasificación de las obras dramáticas de Sastre, no ofrecemos juicio de valor sobre ninguna. Nuestro libro, ya citado, contiene un extenso análisis valorativo de la producción dramática de Sastre.
[12] "Teatro de vanguardia, regreso al realismo y experiencia épica", en *Alfonso Sastre*, prólogo de José Monleón, p. 140.

sin sentido, Sastre utiliza las técnicas desconcertantes de la narrativa escénica, los sueños, los *flashbacks* y las distorsiones del tiempo y el espacio.

La toma de conciencia que tiene Sastre alrededor de 1950, respecto a las posibilidades del teatro para la denuncia y el cambio social, le conduce a su segunda época, que es la de su activa intervención en el teatro profesional, y la que produce sus obras más conocidas y más respetadas. La transición a esta nueva etapa no es, claro está, neta y repentina. *Escuadra hacia la muerte* (1952) tiene mucho del teatro sastreano anterior, como se verá más abajo. Y esta época de Sastre incluye tres obras que comparten los supuestos formales e ideológicos de las obras de Arte Nuevo y que también son dramas de frustración: *La sangre de Dios, Ana Kleiber,* y *El cuervo.* [13] Persiste entonces en el pensamiento de Sastre cierto espectro nihilista, cierta fascinación por las dimensiones fatales, no humanas y no comprensibles, de la experiencia del hombre. Pero en general, el teatro de la segunda época de Sastre refleja el humanismo socialista que empieza a desarrollarse en su autor allá por 1950. Exceptuando las tres obras ya mencionadas, el teatro sastreano de esta época consiste en "dramas de posibilidad": dramas en que los seres humanos pueden actuar y pueden modificar, en alguna medida, sus circunstancias. Los actos que realizan estos personajes proporcionan cierta liberación, aunque ésta nunca es fácil ni definitiva. Los personajes sufren siempre por

---

[13] *Ejercicios de terror,* una serie de piezas cortas oníricas escritas en 1969-70, pertenecen, según Sastre, a esta línea secundaria de su teatro. (Véase Alfonso Sastre, *El escenario diabólico,* Barcelona, 1973, Los Libros de la Frontera, p. 67.) Es cierto que estos *Ejercicios* tienen por antecedente *El cuervo,* en cuanto a ciertos detalles formales y temáticos, pero nos parece que más propiamente pertenecen a una línea grotesca explorada por Sastre en los relatos de *Las noches lúgubres* (1964) pero apenas tocada en forma dramática, excepto en algunos momentos de las obras últimas. Por consiguiente, no incluimos *Ejercicios de terror* entre los dramas de frustración, ni los comentamos en nuestro texto, por no pertenecer todavía a una tendencia definida y desarrollada del teatro de Sastre.

sus actos, y los actos nunca son libres de ambigüedad moral.

Esta humanización del teatro de Sastre —esta evolución hacia el mundo de fuerzas concretamente humanas, y por lo tanto, enfrentables —implica una perspectiva social que faltaba en los dramas de frustración. Ahora los actos de los personajes se realizan a causa de, y frente a, procesos sociales que niegan la dignidad individual. Pero no por eso desaparece del teatro sastreano la perspectiva individual y existencial. El objetivo de Sastre durante su segunda época es precisamente un "realismo profundizado" capaz de captar tanto las tensiones individuales, como las sociales, del hombre contemporáneo, y de dramatizar los conflictos que con frecuencia surgen entre estas dos vertientes de la experiencia humana.

De acuerdo con su realismo, inmediatez e intento agitacional, estas obras se sitúan en lugares y momentos más reconocibles y más definibles que los de los dramas de frustración. Además, aunque estas obras tienen frecuentemente estructuras no convencionales, suelen estar montadas sobre los principios aristotélicos de la unidad y la emoción trágica. Los dramas de posibilidad del realismo profundizado de Sastre son: *Prólogo patético, El cubo de la basura, Escuadra hacia la muerte, El pan de todos, La mordaza, Tierra roja, Guillermo Tell tiene los ojos tristes, Muerte en el barrio, En la red, La cornada,* y *Oficio de tinieblas.*

En 1962 Sastre comienza a trabajar en *La sangre y la ceniza,* obra épica basada en la vida de Miguel Servet. Terminará esta obra en 1965. Con *La sangre y la ceniza* el teatro de Sastre deja atrás el realismo escueto y aristotélico para asumir un modo irónico y distanciador. Esta tercera época de la producción dramática de Sastre cuenta, hasta la fecha, con cinco obras, todas ellas sin estrenar ni publicar en lengua castellana: *La sangre y la ceniza, La taberna fantástica, El banquete, Crónicas*

romanas, y *El camarada oscuro*. [14] En estas obras Sastre
utiliza en abundancia ciertos elementos que habían apa-
recido esporádicamente en su teatro anterior: narrati-
vas, estructura episódica, confusión de realidad y fic-
ción, y humor negro. Ahora estos elementos pasan a
ser ingredientes esenciales de su teatro y se juntan con
otros elementos nuevos —fuertes efectos sonoros y luminarios, incongruencias estilísticas, estructuras extremada-
mente fragmentadas, gran multiplicidad de escenas, decorados muy esquemáticos o inexistentes— para producir
un teatro post-brechtiano de alta violencia psíquica y
de fuerte capacidad irónica que a veces asume un modo
esperpéntico. Es un teatro cuyo impacto revolucionario
se busca por medio de la desmitificación, la desarticu-
lación irónica de las preconcepciones que puede tener
el espectador. Constituye una importante aportación al
teatro contemporáneo europeo, y es de esperar que estas obras recientes de Sastre se vean pronto editadas
en España.

IV. *Escuadra hacia la muerte*

Escuadra hacia la muerte es el primer estreno importante que consigue Sastre, y la primera obra importante
que escribe. Unos diez años después del estreno de *Escuadra hacia la muerte* Sastre escribiría:

> Hoy, a los casi diez años de su estreno (...) pienso que
> escribiría *Escuadra hacia la muerte* de un modo algo
> distinto. Seguiría siendo una negación de la guerra y de
> sus palabras. Seguiría apuntando al corazón de los diri-
> gentes belicistas. Pero también sería una afirmación de
> paz, una propuesta positiva de paz. Y quizá la última
> escena, lúgubre y resignada en mi obra, tendría —en
> una obra mía de hoy— la forma de una cierta toma
> de conciencia; y Luis no sería, al final, sólo un pobre
> muchacho que se dispone a vivir su vida como una
> condena sin sentido... [15]

[14] *Asalto nocturno* (1959) es un antecedente del teatro de la
tercera época de Sastre.
[15] *Obras completas*, I, pág. 162.

Seguramente tenía Sastre mucha razón al hacer esta afirmación. El Sastre de 1962, efectivamente, no habría podido escribir la misma *Escuadra hacia la muerte* que había escrito diez años atrás, porque durante esos diez años su ideología había evolucionado hacia una postura más concretamente revolucionaria, y esta evolución se había reflejado en su teatro a través de unos personajes cuya experiencia, aunque dolorosa, era positiva y esperanzadora. *Escuadra hacia la muerte* es indiscutiblemente una obra muy arraigada en el momento histórico que la produce: la deprimente estela de la Segunda Guerra Mundial, los angustiosos comienzos de la Guerra Fría que amenazaba con una invisible destrucción nuclear —análogo clarísimo del terrible enemigo invisible que atormenta la conciencia de los soldados de la escuadra. *Escuadra hacia la muerte* es, sin duda, el drama español que mejor capta el espíritu de la posguerra europea.

La crítica —sobre todo la de la generación de Sastre— ha señalado con insistencia esta imagen de la desilusionada e insegura generación europea de la posguerra. A raíz del estreno de *Escuadra hacia la muerte,* Juan Emilio Aragonés calificó a sus personajes como "seis hombres provisionales, producto de esta Europa también provisional". Le parecía *Escuadra hacia la muerte* "un drama en el que no se dan respuestas. Un drama construido sobre trágicas y alucinadas preguntas. El drama de esta Europa desconcertada e incierta en la que todos estamos". [16] Diez años después este crítico daría a entender que las condiciones planteadas en *Escuadra hacia la muerte* no habían cambiado aún: "Hay en *Escuadra hacia la muerte,* ante todo, un crudo planteamiento de la situación de provisionalidad en que, desde 1946, vive la juventud europea". [17]

[16] "Alfonso Sastre y las trágicas preguntas", *Alcalá,* núm. 28-29, 25 marzo 1953, s.p.
[17] "El teatro profundizado de Alfonso Sastre", *Punta Europa,* VIII, núm. 83, marzo 1963, p. 28.

Ignacio Aldecoa, otro contemporáneo de Sastre, no vio en *Escuadra hacia la muerte* solamente un reflejo de la Europa de la posguerra, sino de la condición del hombre contemporáneo en general: "Tras de la *Escuadra* de A. S. se oculta el fruto dulce y amargo de nuestro momento histórico. La trágica seguridad de una catástrofe, que huimos imaginar, pero hacia la cual camina el mundo; la incertidumbre y la desesperanza del hombre de hoy, condenado a formar en una escuadra hacia la muerte, en un mañana próximo quizá: he aquí el tremendo cargamento de sugerencias con que llama a nuestra conciencia la obra de Alfonso Sastre".[18]

La analogía entre la escuadra condenada y el hombre contemporáneo se confirma en un comentario del mismo Sastre, y desde los diálogos de *Escuadra hacia la muerte*. Cuando su obra se estrenó, Sastre escribió: "No vale, ahora, soñar vagamente con una Europa unida y con el enrolamiento en esa fantasmal tercera fuerza. Entre dos fuegos, la juventud europea trabaja. Aprende oficios, hace oposiciones, prepara cátedras. ¿Qué sentido tiene todo esto bajo la amenaza de una guerra? En *Escuadra hacia la muerte* no se dan respuestas, pero, al menos, se bucea en las raíces de las trágicas preguntas".[19] Desde la obra misma, Javier, intelectual asustado y analizador de los problemas metafísicos de la escuadra, hace resonar estas palabras de su autor: "Una escuadra hacia la muerte (...). Lo éramos ya antes de estallar la guerra. Una generación estúpidamente condenada al matadero. Estudiábamos, nos afanábamos por las cosas, y ya estábamos encuadrados en una gigantesca escuadra hacia la muerte" (Cuadro V).

Escuadra hacia la muerte es, ciertamente, una obra de su tiempo histórico y de un momento crítico en la

18 "Hablando de *Escuadra hacia la muerte*", *Revista Española*, núm. 1, mayo-junio 1953, p. 119.
19 Nota de Sastre escrita para el estreno de *Escuadra hacia la muerte*. Recopilada en Juan Emilio Aragonés, "El teatro profundizado de Alfonso Sastre", p. 28.

vida de su autor. Pero no por eso ha perdido hoy su vigencia (¿acaso la angustia ante un mundo enloquecido ya no se siente hoy?), ni deja de ser una excelente obra de arte dramático, ni de ocupar un lugar importantísimo dentro de la producción de Alfonso Sastre. *Escuadra hacia la muerte* es una de las obras mejor construidas y más sugestivas de la segunda época de Sastre, y es la obra más fundamental para entender todo el teatro de Sastre. Es la obra en que más clara y más equilibradamente se representa la eterna dualidad de la condición humana: la tensión entre el orden y la anarquía, entre la construcción y la desintegración, entre el hombre social y el hombre existencial. *Escuadra hacia la muerte* es, podríamos decir, la matriz del arte dramático de Alfonso Sastre.

Se puede cuestionar, quizás, la clasificación que hemos hecho de *Escuadra hacia la muerte* como un drama de realismo social, ya que en esta obra se encuentran detalles formales e ideológicos propios de los dramas de frustración de Sastre. El título de *Escuadra hacia la muerte,* por ejemplo, apunta a un fatalismo apenas compatible con la ideología revolucionaria de los otros dramas de realismo social de su autor, pero muy típico de los dramas de frustración. La situación de *Escuadra hacia la muerte* —la tercera guerra mundial, un bosque anónimo— es nebulosa, algo fantástica, y recuerda las situaciones típicas de las piezas experimentales que Sastre escribió para Arte Nuevo. Las fuerzas que rigen el mundo de *Escuadra hacia la muerte* no son concretamente humanas: otro paralelo con los dramas de frustración. Sin embargo, *Escuadra hacia la muerte* se distingue de los dramas de frustración en un sentido muy importante: el mundo de esta obra es un lugar donde es posible la acción humana. Al matar al Cabo, los soldados de la escuadra malograda ponen de manifiesto que pueden realizar un acto significativo y así modificar, a nivel humano, su situación. Igual que en el resto del teatro social de Sastre, la posibilidad y la realización de acción en el drama conducen a un implícito comentario acerca del hombre en sus relaciones sociales.

Escuadra hacia la muerte se caracteriza, entonces, por un dualismo fundamental que penetra su estructura y sus implicaciones filosóficas. Las dimensiones de este dualismo son las dos vertientes principales del pensamiento de Sastre: por un lado, parálisis y desesperanza; por el otro, movilidad y esperanza. *Escuadra hacia la muerte* es un puente entre estas dos tendencias ideológicas que caracterizan el teatro de su autor. En el cuadro III Javier enuncia, metafóricamente, esta paradoja que vive la escuadra, y por analogía, la humanidad: "Parece que estamos quietos, encerrados en una casa; pero, en realidad, marchamos, andamos día tras día. Somos una escuadra hacia la muerte. Marchamos disciplinadamente, obedeciendo a la voz de un loco, el cabo Goban". Una ilusión de quietud y de orden que es, en realidad, una marcha inexorable hacia la destrucción y la desaparición, bajo el mando de un disciplinario que en este caso se llama Goban, pero que dado el carácter alegórico de la obra, podría llamarse muchas cosas más.

Fue seguramente la intuición de esta condición paradójica lo que le motivó a Sastre a estructurar su obra tal como la estructuró. En *Escuadra hacia la muerte* se emplea la interesante construcción de doce cuadros, divididos en dos partes de igual duración. Este número elevado de unidades de acción, estas frecuentes interrupciones del fluir de la obra, pueden dar una sensación de movimiento, sucesión y desarrollo. Pero resulta que en el fondo la condición de los soldados no cambia, y ese movimiento sugerido por la estructura de la obra es ilusorio: no llega a ser más que un movimiento hacia la inmovilidad.

La división de la obra en dos "partes" hace destacar las dos fases de la experiencia de los soldados: antes y después del asesinato del Cabo. Este asesinato es el único acto dramático de la obra, y su ubicación a la

mitad de la obra da a *Escuadra hacia la muerte* una
estructura dramática nada convencional y bastante eficaz. Un diagrama de esta estructura tendría forma de
pirámide: en la Parte I las tensiones dramáticas van
"subiendo" hasta desembocar en el momento climáctico
que es la muerte del Cabo. La segunda parte, en cambio,
consiste en un alejamiento de la acción y un movimiento
hacia el estancamiento final. La Parte I asciende, desde
la opresión (inmovilidad) a la liberación (acción); ·la
Parte II desciende, desde la acción a una parálisis renovada. El movimiento de la primera parte es positivo;
el de la segunda, negativo. En términos dramáticos, el
final de la Parte II es una recapitulación del comienzo
de la Parte I: en los dos momentos los soldados se
encuentran inmovilizados por su situación e impotentes
ante ella

Esta simetría dramática corresponde a la ambigüedad
fundamental de la obra y permite interpretaciones com-
plementarias en términos sociales, existenciales y metafísicos. La escuadra maldita es evidentemente metáfora
de algo más grande y más general, y esta obra es una
alegoría de la condición humana —alegoría que resuena
sugestivamente en muchos niveles de la experiencia humana. Difícilmente podrá dejarse de ver al Cabo Goban
como personificación de la tiranía militarista, y su asesinato como la sublevación de una comunidad oprimi-
da. Es lógico, incluso, suponer que esta forma de comprender la obra tuvo mucho que ver con la prohibición
que cayó sobre *Escuadra hacia la muerte* después de
solamente tres representaciones en el invierno de 1953.
Pero si las autoridades exigieron la prohibición de la
obra por entenderla como un ataque, o como un llama-
miento a la revolución social, habría que señalar que su
consideración de la obra no fue muy completa. *Escuadra
hacia la muerte* es sin duda un grito de protesta contra
la mentalidad militarista y la sociedad truncada que
ésta produce, pero también cuestiona seriamente las
consecuencias de la rebelión repentina e impensada. La
ideología revolucionaria de *Escuadra hacia la muerte* es

ambigua: se ponen en tela de juicio dos extremos de organización social, y sale el fallo de que no se está más libre bajo la anarquía que bajo la dictadura.

Como documento existencial, *Escuadra hacia la muerte* tiene que entenderse como contienda entre el hombre y sus actos. A partir del asesinato del Cabo los soldados pasan a otra esfera existencial por haber actuado y, a nivel inmediato, modificado sus circunstancias. La gran pregunta de la segunda parte de la obra es: ¿Cómo van a cargar los soldados con el peso de su acto? Resulta que no cargan muy bien. Bajo el peso de su acto, todos fracasan —aunque en formas muy distintas entre sí. Como síntoma de este fracaso cada soldado, a lo largo de la segunda parte, se va envolviendo en una angustiosa soledad —no la soledad luminosa y desafiante de los héroes sartreanos que han encontrado "su" camino, sino la soledad tenebrosa de la mala fe. Ninguno consigue enfrentarse positivamente con su acto y así alcanzar una autenticidad salvadora. El fracaso de Javier, al suicidarse, es el más obvio. Adolfo se encuentra solo al final del cuadro IX, al negarse sus compañeros a apoyar su plan de matar a Pedro, y luego confirma su soledad al desaparecer en el monte. Andrés desaparece de una manera semejante, al pasarse al enemigo.

¿Pero Pedro y Luis? Son los únicos que siguen vivos y presentes al terminar la obra, y según un crítico, estos dos personajes, a diferencia de los demás, alcanzan cierta salvación: Luis, una salvación física, porque dio la casualidad que no participó en el asesinato y por consiguiente no será fusilado; y Pedro, una salvación existencial porque tiene la valentía personal para reconocer su culpabilidad y aceptar las consecuencias de su acto. [20] La idea es interesante, y este crítico la apoya con la suposición de que Sastre quería dejar abierta alguna esperanza para la juventud europea que se refleja en la obra. Pero nos parece que la aparente salvación

[20] Eduardo Haro Tecglen, Reseña de *Escuadra hacia la muerte, Informaciones,* 19 marzo 1953, p. 7.

de Luis y Pedro es un espejismo. Es cierto que Luis
ha sobrevivido la horrenda experiencia de la escuadra,
pero no por iniciativa propia, sino por una casualidad.
Seguirá viviendo, pero como Pedro bien le dice, su
vida futura es simplemente "la larga condena que te
queda por cumplir". Por un lado, Luis, por no haber
participado en el asesinato, se encuentra excluido de la
fraternidad de los que han actuado juntos, y pide pa-
téticamente que se le permita compartir la responsabili-
dad del asesinato para así escaparse de su soledad:
"No, Pedro. Yo no quiero vivir si todos vosotros me
dejáis. No hay razón para que yo haya sido excluido.
Pedro, te pido que digas: Luis estuvo con nosotros esa
noche. Luis también mató". Por otro lado, aunque Luis
no haya participado en el acto comunal de sus compañeros, será siempre atormentado por el fantasma de
su envolvimiento marginal en el asesinato. Por lo tanto
su castigo absurdo es una espada de doble filo. La
última escena de la obra, en que Pedro le hace fumar
su primer cigarrillo, marca la llegada de Luis a cierta
"edad de hombre", el comienzo de su tormento y la
proyección hacia su próxima soledad. Luis ha sido toda
su vida un muchacho fantasmal, negativo, a punto de
desaparecer. Es enfermizo, se encuentra en la escuadra
por algo que *no* hizo, está ausente durante el asesinato
del Cabo —y ahora, proyectando hacia el futuro, sólo
le espera la continuación de su soledad y unos recuerdos fantasmales de una experiencia que nunca fue completamente suya.

Pedro es lo contrario de Luis como persona, y puede
parecer que su fuerza personal y su actitud positiva le
han proporcionado cierta autenticidad sartreana. Pero,
¿es realmente positiva su actitud? Un examen un poco
detenido revela que es precisamente en Pedro en quien
se da el caso más desbordante de *mauvaise foi,* de huida
de la libertad. Pedro es un hombre que necesita sentirse
aplastado, castigado, como forma de negar el acto que
ha realizado: "Yo soy de los que no se asustan ante
las consecuencias de los hechos. Sé cargar con ellas.

Exijo cargar con ellas. Es mi modo de ser" (IX). Simple prolongación de esta actitud puritana es el deseo de la muerte. Efectivamente, Pedro es un hombre que quiere morir, para acabar definitivamente con su libertad atormentadora. Adolfo se lo echa a la cara claramente, señalando la falsedad de la supuesta motivación heroica de Pedro: "No es que seas más hombre que los demás. No es que te importe lo que ocurrió ni que creas que mereces ser castigado. Es simplemente que quieres morir" (IX). Los diálogos posteriores de Pedro confirman la verdad de esta acusación. Además, hay que reconocer que Pedro, al decidir entregarse y al tratar de asumir el mando de la escuadra, no hace otra cosa que perpetuar el código de valores militares que había sido fuente de la opresión de la escuadra bajo el Cabo. [21]

Pero si ninguno de los soldados alcanza una salvación existencial a través de su acto, no hay que ver en su fracaso una condena moralizante a unos hombres débiles o degenerados. En la obra se nos da a entender claramente que los soldados ya estaban condenados, hicieran lo que hicieran. Se nos da a entender que aunque los actos humanos puedan alterar a corto plazo la conciencia y la situación social del individuo, existe a nivel superior una condición humana que no depende de las iniciativas humanas y que acaba por convertirlas en gestos de una eficacia muy relativa. El título de la obra, al que ya hemos aludido, apunta a esa condición: un angustioso movimiento *hacia* la muerte, un pasaje fantasmal al final del cual espera la inmovilidad última. Esta condición se elabora a través de los diálogos y los alcances alegóricos de la obra. Ya en el cuadro II, con palabras altamente reminiscentes de *Huis Clos* de Sartre, Andrés y Javier esbozan la índole fatal de su condición:

---

[21] El mismo Sastre, al escribir la obra, veía a Pedro como un personaje positivo y valiente. Pero a lo largo de los años se ha venido dando cuenta del verdadero significado ideológico de las actitudes de Pedro. (Entrevista, 31 julio 1973.)

ANDRÉS.   Esto es una ratonera. No hay salida. No tenemos salvación.

JAVIER.   Esa es (...) la verdad. Somos una escuadra de condenados a muerte.

ANDRÉS.   No, es algo peor..., de condenados a esperar la muerte.

Pedro, sin disputar el análisis de sus compañeros, señala que lo que les pasa a ellos también les sucede a muchos más. Su condición no es única, sino una regla general: "Os advierto que hay muchas escuadras como ésta a lo largo del frente. No vayáis a creeros que estamos en una situación especial. Lo que nos pasa no tiene ninguna importancia". Pero aunque el suyo es el destino humano común, están solos, aislados, exilados de una patria que sólo pueden añorar vaga y nostálgicamente:

JAVIER.   (...) Estamos muy lejos...
PEDRO.   Lejos, ¿de qué?
JAVIER.   No sé... Lejos...

Se encuentran sometidos a "largas marchas sin sentido" y sus únicas sendas son "caminos que no van a ninguna parte". Lo más angustiante de su situación es la espera, la indeterminación. Su enemigo les aterra porque es invisible, inconcebible y siempre presente:

Dicen que son feroces y crueles..., pero no sabemos hasta qué punto... se nos escapa... Y eso que se nos escapa es lo que da más miedo. Sabemos que su mente está dispuesta de otra forma... y eso nos inquieta, porque no podemos medirlos, reducirlos a objetos, dominarlos en nuestra imaginación... (...) Son capaces de todo. Pero ¿de qué son capaces? ¿De qué? Si lo supiéramos puede que tuviéramos miedo..., pero es que yo no tengo miedo... es como angustia... No es lo peor morir en un combate... Lo que me aterra ahora es sobrevivir..., caer prisionero..., porque no puedo imaginarme cómo me matarían... (II)

El punto de partida de éstos y otros detalles de la situación opresiva de los soldados es, evidentemente, el

encontrarse envueltos en la locura deshumanizadora de
la guerra. Pero en esta obra la guerra deja de ser un
proceso concretamente humano para convertirse en metáfora de presiones metafísicas aún más terribles. Surge
de la obra la clarísima imagen de una condición humana bajo la que el hombre se encuentra acosado y
atormentado por fuerzas apenas definidas y por razones
arbitrarias. Al asesinar al Cabo los soldados creen qui-
tarse de encima al autor de su miseria, pero luego se
dan cuenta de que su verdadero enemigo no era el
Cabo, y que al liquidarle han cometido un acto a lo
menos inútil, y a lo más, contraproducente. Nada más
empezar la segunda parte, Andrés se da cuenta de la
verdadera significación del asesinato: "¡Y nos hemos
cerrado la última salida! (...) Después de lo que ha
ocurrido, me doy cuenta de que podía haber pasado
el tiempo y la ofensiva sin llegar..., y en febrero es
posible que nos hubieran retirado de este puesto... y
que nos hubieran perdonado... El castigo cumplido...
y a nuestras unidades, a seguir el riesgo común de los
otros compañeros... Todo esto lo he pensado, de pronto,
ahora que ya no hay remedio. La última salida ha sido
cerrada" (VII). Poco antes de suicidarse, Javier recuerda
y añora nuevamente un orden que no volverá y que
los soldados no habían sabido apreciar mientras lo tenían: "Mientras él vivía llevábamos una existencia casi
feliz. Bastaba con obedecer y sufrir. Se hacía uno la
ilusión de que estaba purificándose y de que podía salvarse" (X).

Se impone una comprensión del Cabo como representación alegórica de Dios —el Dios que la humanidad
moderna ha asesinado (abandonado) porque se sentía
fastidiada con Su orden y Sus restricciones. Y después
de liberarse, el hombre moderno —igual que los soldados de la escuadra maldita— se encuentra náufrago en
un mundo anárquico que no sabe ordenar. [22] Igual que

22 Interpretaciones similares respecto a la función divina del
Cabo son las de Leonard C. Pronko, "The 'Revolutionary Theater' of Alfonso Sastre", *Tulane Drama Review*, V, núm. 2, In-

los personajes sartreanos de *Huis Clos*, Javier, desde sus cavilaciones teológicas, llega a la conclusión de que todo el tormento de la escuadra estaba predestinado. Pero ¿por quién? ¿Y por qué? La única explicación que encuentra es la del pecado original, lo que equivale a reconocer un castigo absurdo que el hombre debe cumplir porque nace: "Hay alguien que nos castiga por algo..., por algo... Debe haber..., sí, a fin de cuentas, habrá que creer en eso... Una falta... de origen... Un misterioso y horrible pecado... del que no tenemos ni idea. Puede que haga mucho tiempo..." (X). En el último momento de la obra, Luis —enfermizo, asustado, confuso— le pide a Pedro una explicación de todo lo que les ha sucedido. La respuesta de éste es un resumen de la ambigüedad de la obra y de la existencia humana:

> LUIS. Pedro, y todo esto, ¿por qué? ¿Qué habremos hecho antes? ¿Cuándo habremos merecido todo esto? ¿Nos lo merecíamos, Pedro?
> PEDRO. ¡Bah! No hay que preguntar. ¿Para qué? No hay respuesta. El único que podía hablar está callado.

¿Callado por muerto? ¿Por perverso? ¿Por indiferente? ¿Por inexistente? Es ésta, quizás, la más fundamental de las "trágicas preguntas" que laten en el fondo de *Escuadra hacia la muerte*.

Como obra de teatro, el valor de *Escuadra hacia la muerte* no se debe sólo a su temática desgarradora e históricamente acertada, sino también a la habilidad artística de Sastre al convertir esa temática en teatro eficaz. Hemos apuntado ya la función de la estructura de *Escuadra hacia la muerte* como soporte de la temática y como organizadora de la experiencia de los

---

vierno 1960, p. 119; y de Anthony M. Pasquariello, "Censorship in the Spanish Theater and Alfonso Sastre's *The Condemned Squad*", *The Theater Annual*, XIX, 1962, p. 25.

soldados. Veamos ahora algunos de los otros recursos artísticos que utiliza Sastre para plasmar en forma teatral esta historia de la escuadra maldita.

En cuanto se levanta el telón, el espectador se encuentra ante un resumen escénico, no verbal, de lo que va a ser el conflicto central de la obra. En las acotaciones para el decorado, Sastre indica que los petates de los soldados han de encontrarse "en desorden" pero que cinco fusiles y un fusil ametrallador se ven "ordenados" en su soporte. Los instrumentos de la guerra y la muerte están bien ordenados, y por consiguiente, fuertes. Los petates de los soldados —extensiones de sus dueños— carecen de orden, y por ello, de fuerza. Una clarísima anticipación de la temática dialéctica de la obra —la tensión entre el orden opresor y la anarquía debilitadora— y del triunfo de las fuerzas fatales bien organizadas.

El tablado inicial contiene otros detalles sugestivos que en algún sentido anuncian los sucesos de la obra. Luis, Adolfo y Pedro están jugando a los dados: juego que simboliza la dependencia de los soldados de un azar ajeno a su control. Javier no participa en el juego, sino que dormita: postura que no solamente apunta a la extremada soledad a la que su intelectualismo le va a condenar, sino incluso a su suicidio. La obra empieza a la hora del crepúsculo, como también acabará: anuncio de la simbólica lucha entre luz y tiniebla que será tan importante en la obra, y de la oscuridad que siempre acecha y que acabará envolviendo a los soldados. Extensión del motivo luminoso es la presencia del fuego: está encendida la chimenea, y los soldados que juegan a los dados están sentados alrededor de ella, en una pálida tentativa de luz, calor y fraternidad, frente a la oscuridad, frío y soledad que les esperan.

Un detalle muy significativo del tablado inicial es la presencia del Cabo: "Aparte, el cabo Goban limpia cuidadosamente su fusil". Además de definirse el Cabo por su actividad del momento (su "cuidadosa" —i.e., ordenada— atención a un instrumento de muerte), su

ubicación escénica —"aparte" de los demás— plantea el
abismo que habrá entre el Cabo y los hombres de cuya
vida dispone. Sastre volverá a insistir en esta separa-
ción en términos escénicos. En el primer cuadro, cuando
Pedro va a sacar una pastilla para Luis, el Cabo reac-
ciona para cuestionar la acción de Pedro, pero mantiene
su distancia hablándole "sin volverse" y luego "sin levantar la cabeza". La canción que canturrea el Cabo,
motivo de gran irritación para los soldados, contribuye
a su identidad única y hostil. Cuando después de unos
minutos el Cabo inicia algún contacto con sus súbditos,
es para darle una patada a Javier. Son detalles que
aportan mucho a la delineación de las relaciones entre
el Cabo y sus soldados.

El asesinato del Cabo es prefigurado a lo largo de
la primera parte de la obra por una serie de incidentes
y alusiones que le dan un aire de determinado e inevitable, y así contribuyen a su impacto trágico. En el
cuadro I, al negarse a dar más coñac que el poco ya
repartido entre los soldados, el Cabo advierte: "Hay
que tener cuidado con el alcohol. He visto a magníficos
soldados perder el respeto al uniforme... por el alcohol".
Así plantea el motivo del alcohol y la borrachera que
llegará a su colmo cuando los soldados le maten al
emborracharse la Nochebuena. Andrés continúa este
motivo en el cuadro IV al revelar que está en la escuadra por haber matado a un sargento bajo la influencia del alcohol. También prefiguran el asesinato y
crean un ambiente de tensión varios incidentes violentos —algunos imaginados, otros contados, y otros realizados en escena. El Cabo mismo plantea el motivo de
la violencia al final del cuadro I, al narrar cómo "cosió
a bayonetazos" a un joven soldado en un campo de
instrucción. Al terminar el cuadro II, Andrés confiesa
a sus compañeros su idea de pegarle un tiro al Cabo.
En el IV las tensiones crecientes irrumpen en una violenta confrontación entre Andrés y el Cabo. La violencia escénica que Sastre pide detalladamente en esta
escena anticipa la violencia de la escena del asesinato:

"El Cabo le da un puñetazo en el estómago. Andrés gime y se dobla. Al inclinarse recibe otro en la cara y cae al suelo. El Cabo le pega una patada en el pecho. Andrés queda inmóvil. El Cabo se inclina, lo incorpora y vuelve a rechazarlo contra el suelo".

La escena del asesinato es seguramente una de las escenas más violentas del teatro moderno. Pero su violencia no es gratuita o arbitraria. Lejos de ser un truco efectista, esta escena es dramáticamente justificada, y hasta necesaria, en varios sentidos. Como ya queda apuntado, esta escena es la culminación de las tensiones de la primera parte. Ha sido abundantemente prefigurada, todos los odios que el espectador ha presenciado hasta ahora vienen a desembocar en ella, y por consiguiente, en un montaje bueno, no tendrá nada de arbitraria, sino que se verá como el fin inevitable de todo lo que le ha precedido. También por su importancia estructural conviene que este momento tenga una extremada fuerza escénica. El asesinato es el único acto dramático de la obra; en él están concentrados el desenlace de la contienda entre los soldados y el Cabo, el clímax dramático de la obra, y el punto de partida para las experiencias de la Parte II. Para imprimir en la conciencia del espectador el lugar centralísimo del asesinato en la experiencia de los soldados, y para prepararle emocionalmente para el largo anticlímax que será la Parte II, hace falta en este momento la fuerza escénica que pide Sastre en sus acotaciones.

La terrible violencia detallada y deliberada de esta escena sirve también para hacer resaltar la majestuosidad perversa y la figura casi sobrehumana del Cabo. El Cabo resulta tener una dignidad casi demiúrgica (de acuerdo con su función divina ya apuntada), y sus asesinos quedan como unos seres mezquinos e inferiores. Estos sólo se atreven a atacarle estando borrachos, son cuatro contra uno, y aún así les cuesta mucho matarle. Este contraste entre el Cabo y sus asesinos se efectúa por las cuidadosas acotaciones que da el autor. Andrés dice, "Estamos completamente borrachos", y ríe "imbécilmente". El Cabo, en cambio, mantiene un silencio desdeñoso y no demuestra "el menor ademán de nerviosismo". Por fin le empiezan a asaltar abiertamente, y nótese que el Cabo no cae repentinamente y de una vez, sino poco a poco. A partir del machetazo de Andrés, el colapso del Cabo pasa por cinco fases claramente especificadas por Sastre: (1) queda "ciego del machetazo" (2) "vacila pero no cae" (3) "se derrumba poco a poco" (4) "cae de rodillas", y por fin, (5) "de bruces". Es una montaña que se derrumba, después de repetidos esfuerzos destructores por una pandilla de desgraciados hartos de vivir a la sombra de esa montaña. Los soldados han destruido el mismo centro de su universo: acto funesto que adquiere eficacia visual por el cuidadoso control que ejerce el autor sobre los detalles del movimiento escénico.

Los esfuerzos de los soldados para sustituir el desaparecido centro de su universo sólo les conducen a la soledad, a la nebulosidad, y por fin a la desaparición. Este proceso también alcanza eficacia escénica por la habilidad artística del dramaturgo. La disolución de los soldados no sólo ocurre según el argumento ficticio de la obra, sino que se da visiblemente en la escena. En formas diversas, la existencia perceptible de cada soldado se disuelve en los momentos finales de la obra. Javier ya no aparece más después del cuadro X; se ahorca fuera de escena y, según Luis, antes de ahorcarse había pasado muchas horas sin decir una palabra. En el cuadro XI la existencia escénica de Adolfo y Andrés se ha vuelto muy tenue: se han convertido en meras sombras. Luego desaparecen para ir a un destino ambiguo, y como comenta Pedro en el XII. "Es como si se los hubiera tragado la tierra". En el XII sólo quedan Pedro y Luis, y también ellos se convertirán en fantasmas escénicos. Un minuto antes de acabar la obra Pedro le dice a Luis, "Yo también desapareceré". Se refiere concretamente al destino que le espera a manos del Consejo de Guerra, pero como todo en esta obra, sus palabras resuenan en otro nivel además del intencionado. Al terminar la obra, "está oscureciendo"; Pedro y Luis están todavía visibles, todavía físicamente presentes. Pero de acuerdo con la terrible provisionalidad que ha sido lo más característico del mundo de esta obra, están a unos pocos segundos de ser tragados por la oscuridad. La obra empezó a la hora del crepúsculo —la hora en que la luz y el calor del día están a punto de desaparecer, pero sin haber desaparecido aún. Ahora la obra termina a esa misma hora. La luz a punto de desaparecer, la escena "oscureciendo", la guardia que empieza a hacerse por última vez, los dos últimos cigarrillos a punto de consumirse, los dos últimos hombres a punto de ser tragados por la oscuridad...

A punto de desaparecer... Un resumen del angustiado mundo inseguro y provisional de esta escuadra de hombres contemporáneos, condenados a marchar eternamente hacia la extinción.

V. *La mordaza*

La mordaza representa el primer estreno profesional de Sastre y la segunda obra importante que escribe. Como gran parte del teatro de preocupación social que posteriormente escribirá Sastre, *La mordaza* trata de temas de profunda resonancia social, pero sin tratar directamente el fenómeno de la revolución. Se dedica más bien a examinar el comportamiento de ciertos individuos dentro de una situación opresora, y sugiere inevitablemente una asociación entre este comportamiento a nivel personal y una actuación que podría —y quizás debería— darse a nivel colectivo.

La mordaza se escribió como denuncia parabólica de la represión, y en especial, de la censura. En sus *Obras completas* Sastre explica que escribió *La mordaza* en un momento en que todos los dramas de duración normal que tenía escritos estaban prohibidos. Con esta obra nueva Sastre quería hacer una advertencia de las posibles consecuencias violentas de la represión a largo plazo. Quería decir: "Vivimos amordazados. No somos felices. Este silencio nos agobia. Todo esto puede apuntar a un futuro sangriento". La obra fue autorizada sin ningún problema, y Sastre pensó que no había logrado la denuncia que pretendía con *La mordaza*. [23]

Nos parece que con este razonamiento Sastre ha subestimado el logro de su obra. Da a entender que para que valiera como documento anti-represión, *La mordaza* tendría que haber sido prohibida. Pero es que el valor intrínseco de la obra, y su función como parábola de condiciones opresoras, existen claramente —a pesar de que la censura no comprendió la obra como la había comprendido Sastre. O quizás la censura vio el intento de la obra pero no le pareció de tanta gravedad como para impedir su montaje.

En todo caso, esa función documental y denunciadora es sólo uno de los niveles en que funciona *La mordaza*. Como toda obra de arte digna, *La mordaza* trasciende el nivel inmediato y la situación que la inspiró para convertirse en comentario sobre algún aspecto constante de la experiencia humana. Sastre puede haber pensado la obra como parábola o alegoría de la situación española pero la situación y el "mensaje" de esta obra son coordenadas de una constante de la experiencia humana de cualquier país, en cualquier momento: la represión, el miedo, y la necesidad de actuar para alcanzar la dignidad humana.

El lector no dejará de notar fuertes paralelos entre *La mordaza* y la otra obra que va incluida en este tomo. Aunque entre la composición de estas dos obras media la de otra —*El pan de todos*— *La mordaza* representa la continuación de ciertas preocupaciones filosóficas y tendencias dramatúrgicas ya exploradas por Sastre en *Escuadra hacia la muerte*. El punto de contacto más fundamental de las dos obras, en lo que se refiere a su imagen de la experiencia humana, es la paradoja de una quietud que es en realidad un movimiento negativo

---

[23] *Obras completas*, pp. 283-4.

—una tranquilidad forzada que es acercamiento a la desintegración y la catástrofe. En *Escuadra hacia la muerte* le toca a Javier la articulación de esta paradoja (cuadro III); en *La mordaza* se da en un parlamento clave de Luisa, poco antes de su decisión de denunciar a Krappo:

> Hay silencio en la casa. Parece como si no ocurriera nada por dentro, como si todos estuviéramos tranquilos y fuéramos felices. Esta es una casa sin disgustos, sin voces de desesperación, sin gritos de angustia o de furia... Entonces, ¿es que no ocurre nada? ¿Nada? Pero nosotros palidecemos día a día..., estamos más tristes cada día..., tranquilos y tristes..., porque no podemos vivir... Esta mordaza nos ahoga y algún día va a ser preciso hablar, gritar..., si es que ese día nos quedan fuerzas... Y ese día va a ser un día de ira y de sangre... Pero, mientras tanto (...) silencio... (V)

También se nota un fuerte paralelo en los personajes y en las relaciones entre ellos: es decir, en la organización de la "sociedad" de cada obra. En las dos obras hay una figura fuerte y tiránica que intimida y sofoca a cinco personajes, colocándoles ante la elección de actuar o seguir siendo esclavos. Los dos dramas están montados sobre la tensión que se produce a consecuencia de la vacilación de los personajes intimidados ante esta necesidad de actuar. Los dos tiranos tienen mucho en común. Goban "tuerce la boca" (I); Krappo tiene un "gesto un poco torcido" (VI). Krappo, igual que Goban, está obsesionado con la fuerza bruta, y desprecia a todo ser que carece de fuerza física y personal. Goban, como es natural, expresa sus valores en términos militares (p. ej., cuadro I). Krappo se caracteriza por los mismos valores fríos y brutales, aunque los exprese de otra forma (I, IV). Tanto Krappo como Goban están dotados de una majestuosidad perversa, maniquea. Los dos tienen la capacidad sobrehumana de leer en los pensamientos de los demás, de comprender desde un plano superior a sus súbditos. Esta intuición es un in-

gradiente central de la fuerza personal que les permite
intimidar y controlar a los demás, y de su función demiúrgica en sus obras respectivas. En el cuadro III Teo
dice explícitamente que su padre es "una especie de
demonio que nos atormenta". También en su manera
de morir Goban y Krappo se parecen y demuestran
una vitalidad superior. Igual que Goban, Krappo muere
violentamente, "acribillado a balazos". E igual que
Goban, Krappo muere difícilmente, exigiendo a sus ver-
dugos una serie de esfuerzos para acabar con él: "Se
escapó y empezó a dar gritos como un loco. Se pusieron
a disparar contra él. Ya le habían alcanzado y aún
seguía corriendo. Le dispararon más y cayó al suelo.
Todavía se levantó. Le costó trabajo morir. Volvió a
caer y aún hubo uno que le siguió disparando" (Epílogo). Krappo es, como Goban, un coloso que no
muere fácilmente a manos de los meros mortales.

También en ciertos detalles de la elaboración escénica se nota la continuidad que va de *Escuadra hacia la
muerte* a *La mordaza*. Por ejemplo, en la forma de
empezar la obra —en el tablado inicial y en los primeros momentos del diálogo— hay unos paralelos interesantes. En *La mordaza,* igual que en la obra anterior, Sastre le proporciona al espectador una riqueza
de detalles visuales significativos antes de empezar el
diálogo. La casa de Isaías Krappo tiene los mismos
atributos que su dueño: "rural", "de grandes proporciones", "sombría y pesada". Hay una lámpara encendida, pero sin embargo persisten rincones oscuros: planteamiento del motivo luz-sombra que fue importante
imagen en *Escuadra hacia la muerte* y que lo será también en *La mordaza*. La chimenea está sin encender.
Igual que en *Escuadra hacia la muerte,* el grupo, menos
uno que falta, está reunido en una actividad ritual que
inútilmente pretende ser comunal y fraternal. Pesa el
silencio que de una u otra forma ocupará un lugar
central en la obra. Como en *Escuadra hacia la muerte,*
el tirano se establece desde el primer momento como
un ser aparte, fuera del círculo humano de los demás:

durante algún tiempo Krappo guarda un silencio desdeñoso, y cuando por fin habla, es para asaltar verbalmente a los demás: primero a Teo, luego a Antonia, Luisa y Juan.

Pero si *La mordaza* coincide con *Escuadra hacia la muerte* en ciertos detalles ideológicos, estructurales y escénicos, también representa una evolución muy marcada en la dramaturgia de Alfonso Sastre. Habíamos observado que *Escuadra hacia la muerte* era obra de transición: un puente entre las obras juveniles y las obras maduras de su autor, y entre la vertiente fatalista y la vertiente esperanzadora de su pensamiento. *La mordaza,* en cambio, pertenece plenamente a la segunda época de Sastre, y a su teatro de realismo social. En su construcción y en su elaboración escénica, *La mordaza* difiere bastante de *Escuadra hacia la muerte,* y en sus ramificaciones filosóficas apunta más claramente a los caminos que seguirá Sastre en obras posteriores. *La mordaza,* considerada al lado de *Escuadra hacia la muerte,* representa una simplificación —una depuración— del arte dramático de Sastre. Tiene los mismos contornos generales que *Escuadra hacia la muerte,* pero también tiene una elaboración ideológica y estructural menos complicada y más clara. Esta depuración es un aspecto natural de la evolución de Sastre hacia un teatro más radicado en problemas inmediatos, concretamente humanos, y de clara significación social.

La evolución que representa *La mordaza* en la dramaturgia de su autor se ve claramente comparando la construcción de esta obra con la de *Escuadra hacia la muerte.* En las dos obras Sastre utiliza la forma de numerosos cuadros en vez de los dos o tres actos convencionales: forma que volverá a aparecer en la mayor parte de sus obras teatrales. Pero los doce cuadros de *Escuadra hacia la muerte* se encuentran ahora reducidos a siete (seis cuadros y un epílogo que, más que epílogo, es otro cuadro más, puesto que en él se da el desenlace). Y los cuadros de *La mordaza* no se agrupan en dos partes como los de la obra anterior, porque la experiencia de sus personajes no se divide en dos fases, sino que consiste en un largo movimiento sostenido hacia un desenlace final. Nótese también que en *La mordaza* no hay más que un antagonista: Isaías Krappo. En *Escuadra hacia la muerte* hay tres: el Cabo, el enemigo y las fuerzas fatales no definidas. La "mordaza" que silencia a los personajes de la segunda obra es compleja, eso sí; consiste en varias presiones que impiden hablar a los afectados (ver cuadro V), pero todas esas presiones remontan a un solo opresor: Isaías Krappo. A consecuencia de esta simplificación de los antagonismos, *La mordaza* tiene menos alcance alegórico y menos densidad filosófica que *Escuadra hacia la muerte*.

Igual que *Escuadra hacia la muerte*, *La mordaza* exhibe cierta simetría de construcción: el tablado de su epílogo es casi una recapitulación del de su primer cuadro. Pero aquí también se percibe una importante diferencia. En *Escuadra hacia la muerte* la última escena repite el "crepúsculo" de la primera, como para recordarnos que la provisionalidad de los soldados no ha cambiado. En *La mordaza* se repite el tablado de la cena con el que había principiado la obra —el momento ritual de la unidad familiar y de la sustancia de la vida— pero ahora con dos cambios que indican que ha habido un movimiento positivo a lo largo de la obra: falta el opresor, y está encendida la chimenea. Estas sugerencias simbólicas de desarrollo positivo se confirman en el epílogo, y especialmente en los últimos parlamentos, rebosantes de imágenes de vida y porvenir. Como indicio secundario de este mayor dinamismo que se encuentra en *La mordaza,* notemos que el *leit-motiv* de esta obra —la tormenta que se prepara— por fin estalla (en el cuadro IV, coincidiendo con la decisión de Luisa de denunciar a Krappo a su familia), mientras que el fenómeno paralelo en *Escuadra hacia la muerte* —la ofensiva— no llega a su eclosión.

En la organización de la acción de las dos obras es quizás donde más se ve la diferencia estructural que hay entre ellas: diferencia que corresponde a la diferencia filosófica entre el fatalismo y la posibilidad de desarrollo humano. La estructura dramática de *La mordaza* es, por cierto, más tradicional que la de *Escuadra hacia la muerte*. Empieza con un primer cuadro que es planteamiento de personajes, relaciones y ambiente. El punto de arranque del drama —el incidente concreto que va a lanzar a los personajes al conflicto dramático— viene al final del cuadro I con el asesinato del Forastero, la asistencia de Luisa a este hecho, y la amenaza que le hace Krappo. El drama llega a su clímax —su momento culminante— en el VI con la denuncia de Luisa y la consiguiente detención de Krappo. El desenlace se da en el epílogo con la muerte de Krappo, el alivio que siente la familia y la gradual restauración de la vida a través de un orden natural que ahora puede volver a funcionar. Total, que dentro de la obra se da un ciclo dramático completo. En el pasaje de una fase a otra se producen claras y fundamentales alteraciones en la situación de los personajes, y las fuerzas que motivan esta evolución dramática son las iniciativas humanas.

En *Escuadra hacia la muerte,* en cambio, el punto de arranque —el punto de partida del conflicto dramático— no se da dentro de la obra sino en algún momento anterior a su comienzo. Pertenece al "pasado" dramático, pero no a ningún momento muy preciso del pasado, ni se debe a iniciativas muy definidas. Teóricamente es el momento de la entrada de los soldados en la escuadra, pero este suceso no se precisa mucho, y las razones que lo motivan son más bien arbitrarias. Y aunque no fuera así, hay que recordar que la anécdota de la obra no es más que un esqueleto argumental que permite la elaboración de conflictos más abstractos. A nivel filosófico el punto de arranque es aún más difícil de definir: remonta quizás hasta el pecado original. En esta obra tampoco se dan los demás momentos del ciclo dramático con la claridad con la que se dan en *La mordaza*. De acuerdo con su tema de la provisionalidad,

Escuadra hacia la muerte no tiene desenlace definitivo. La muerte del Cabo proporciona la resolución del conflicto más inmediato, pero ese suceso no resuelve, ni mucho menos, los conflictos fundamentales. De modo que la segunda parte es una larga espera de un desenlace que no llega a producirse, ni puede producirse por medio de las iniciativas humanas.

En el cuadro V de *La mordaza* Juan pregunta: "¿Y qué hemos hecho para merecer este castigo?" Y Teo le contesta: "Nada. No hemos hecho nada". Diálogo que inevitablemente recuerda la patética pregunta que le hace Luis a Pedro al final de *Escuadra hacia la muerte*. Efectivamente, la reaparición de esta pregunta en *La mordaza* es indicio de la ternura que le inspira a Sastre, en estas obras y en otras, el eterno dilema del ser humano que sufre, que se encuentra "castigado", pero sin comprender ni el origen ni el motivo de su castigo. Pero entre la función que tiene esta pregunta en *Escuadra hacia la muerte* y la que tiene en *La mordaza* median dos diferencias que proporcionan una clave para la evolución sastreana que significa *La mordaza*. Primero, aunque en las dos obras la pregunta sea la misma, la respuesta no lo es. La respuesta de Pedro daba a entender que los soldados podían haber hecho algo para merecer el castigo, pero que no era posible saber lo que era, porque un Dios muy distante y muy reticente no proporcionaba las explicaciones necesarias. La respuesta de Teo en *La mordaza,* sin embargo, es menos ambigua: "Nada. No hemos hecho nada". La condición humana sigue siendo dolorosa y absurda, pero en *La mordaza* ha desaparecido la dimensión casi-teológica de esa condición, y ya no se admite la posibilidad de que el hombre merezca sufrir por una ofensa vaga y lejana de la que nunca ha tenido conciencia. Es un paso hacia la "humanización" del mundo dramático de Sastre. En segundo lugar, nótese que la experiencia abarcada por la pregunta no es exactamente la misma en las dos obras. Juan se refiere al dilema que están sufriendo él y sus familiares por no atreverse a actuar

—i.e., a delatar a Krappo. En *Escuadra hacia la muerte* no se trata del miedo paralizador, porque cuando Luis hace su pregunta, ya hace mucho tiempo que los soldados han matado al Cabo. Luis se refiere a *toda* la experiencia de la escuadra, y la mitad de esa experiencia ocurre después de que los soldados han actuado. En *Escuadra hacia la muerte* la angustia incomprensible y la parálisis siguen a pesar de la acción que debía ser liberadora. En *La mordaza,* aunque la acción no elimina la ambigüedad moral y existencial, la domina y permite la apertura hacia un porvenir fecundo.

Hemos aludido a ciertos paralelos entre los personajes de estas dos obras, y en las relaciones que existen entre ellos. Conviene señalar también algunas diferencias. Krappo, aunque se parece muchísimo al Cabo Goban, es más humano que éste. La única flaqueza que muestra Goban es la pesadilla que sufre en el cuadro III; conscientemente, delante de sus soldados, es un muro de piedra. Isaías, en cambio, se deshace en el IV. Ante la denuncia de Luisa, el viejo tirano pierde de repente su fuerza y su inmutabilidad. Aunque luego recobra algo de su fuerza personal, nunca alcanza la solidez imperturbable de antes.

También en lo referente a los personajes, obsérvese que en *La mordaza* hay personajes funcionales que no están envueltos directamente en el conflicto: personajes que contribuyen a la elaboración y al desarrollo de ese conflicto, pero que no son ni antagonistas ni protagonistas, ni opresores ni oprimidos. Son Andrea, el Forastero, el Comisario y el Agente. En *Escuadra hacia la muerte,* en cambio, todos los personajes pertenecen plenamente al conflicto: no hay ningún personaje anónimo, gris, puramente funcional. La presencia de estos personajes en *La mordaza* es indicio de la creciente sofisticación escénica de Sastre y de su tendencia a ensanchar el panorama humano de la pequeña sociedad de su obra. La inclusión de personajes no afectados por el conflicto es también una forma de evitar que las fuerzas opresoras de la obra tengan la apariencia de un control absoluto sobre la especie humana.

Las iniciativas humanas —eficaces en *La mordaza* pero mucho menos en *Escuadra hacia la muerte*— corresponden principalmente a Luisa. Como es lógico, no hay en *Escuadra hacia la muerte* ningún personaje paralelo a Luisa, porque no hay nadie que consciente y deliberadamente tome la iniciativa que toma Luisa. Luisa es la protagonista de *La mordaza*: papel que lógicamente puede desempeñar porque no es propiamente de la familia Krappo, y por consiguiente se ve menos afectada por la red de factores que amordaza a los demás. Ya desde el primer momento Sastre se dedica a desarrollar el carácter rebelde de esta mujer que por fin liberará a la familia de la opresión del silencio. En la primera escena es Luisa la única que se atreve a cuestionar la crueldad de Krappo. Según éste, Luisa está "endemoniada" —la única explicación que se le ocurre para comprender que una persona no acepte la ortodoxia del silencio que rige en la casa Krappo. A la tensa relación que existe entre estos dos personajes contribuye el interés sexual de Krappo hacia Luisa, y el rechazo tajante que hace ésta a los avances del suegro. La posterior acción liberadora de Luisa es convincente precisamente debido a este planteamiento temprano y cuidadoso de un personaje fuerte que habla y actúa claramente y según principios bien definidos —y no porque esté borracho o movido por fuerzas misteriosas.

Finalmente, la evolución dramatúrgica de Sastre en *La mordaza* se manifiesta en una ampliada utilización del espacio escénico. No hay mucha diferencia entre *La mordaza* y *Escuadra hacia la muerte* respecto a los decorados: en las dos obras hay uno solo, y éste tiene múltiples "compartamentos" para permitir que la acción cambie de local sin necesidad de cambiar el decorado. Pero en lo que sí se nota una importante diferencia entre las dos obras es en la utilización del espacio fuera de la escena: ese mundo imaginario no visible al espectador, pero utilizable por el dramaturgo para ensanchar el mundo abarcado por su obra, y para enriquecer la perspectiva con la que se percibe lo que transcurre en el escenario mismo. En *Escuadra hacia la muerte,* de acuerdo con la índole de las fuerzas que operan en la obra, el mundo invisible sólo se percibe de una forma sumamente nebulosa. En ese mundo se ahorca Javier, pero este hecho es anticlimáctico y no altera fundamentalmente la situación de los demás personajes. El mundo de fuera es también el domicilio del enemigo feroz y desconocido, y de las fuerzas fatales y sobrehumanas que arrastran a los soldados hacia la muerte: entidades que se definen precisamente por sus contornos borrosos y sus manifestaciones ambiguas. No hay ningún efecto sonoro o luminario, ni ningún suceso concreto inmediatamente percibido, que defina ese mundo invisible o que tenga una influencia directa en los sucesos del escenario.

En *La mordaza,* en cambio, el mundo de fuera de escena está siempre presente y tiene una relación muy directa con el drama presenciado por el espectador. Hay muchos efectos sonoros y luminarios que comunican los sucesos y el ambiente del espacio invisible: el disparo, el trueno, la lluvia, las llamadas a la puerta, y los relámpagos. A diferencia de *Escuadra hacia la muerte,* los actos violentos de *La mordaza* —la muerte de Isaías y la del Forastero— ocurren fuera de la vista del espectador. Por el diálogo se le recuerda constantemente al espectador la investigación policíaca que se está llevando a cabo fuera de la casa: los procedimientos de la policía, los rumores que circulan en el pueblo. La casa Krappo, igual que el campamento de la escuadra condenada, está "un poco aislada" (II), pero no lo está tanto como para excluir la interacción con el mundo humano que existe fuera de la casa. El efecto general de estos elementos reales pero no vistos es el de crear un espectro violento y amenazador que está siempre acechando el pequeño mundo reprimido de la casa. Colocándose fuera de escena gran parte de la acción, *La mordaza* se convierte en drama de *reacciones*:

un estudio de las reacciones opresoras de Isaías Krappo ante toda amenaza a su poder monolítico (recuérdese el sentido literal del adjetivo "reaccionario"), y de las reacciones de los miembros de su familia al encontrarse oprimidos y sofocados. En esta extensa utilización del mundo de fuera de escena para crear un drama de reacciones, igual que en su temática y sus personajes, *La mordaza* tiene un claro parentesco con otro gran drama de la represión española: *La casa de Bernarda Alba*. Pero también exhibe una diferencia fundamental: los personajes de Sastre consiguen, gracias a la iniciativa de Luisa, cierta liberación, mientras que en el drama lorquiano, a pesar de la rebelión de Adela, el silencio de la muerte vuelve a cerrarse sobre la casa, y las hijas de Bernarda quedan al final tan inmovilizadas como al principio.

La importancia de *La mordaza* para comprender la labor dramática de Sastre reside en este proceso de la liberación por medio de la acción, y en los procedimientos estructurales que corresponden a este proceso. Será característico de su teatro de realismo profundizado ofrecernos dramas de individuos obligados a elegir entre la opresión deshumanizadora y la acción dolorosa. El enfoque que se da a este proceso dramático no será invariablemente el mismo. En algunas obras —*En la red, La cornada*— el énfasis estará, como en *La mordaza,* en las reacciones de los personajes ante su experiencia problemática; en estos casos los principales incidentes dramáticos sucederán fuera de escena. En otras obras —*Guillermo Tell..., Muerte en el barrio*— Sastre querrá colocar en primer plano una confrontación directa y violenta entre los agentes opresores y los personajes que intentan modificar sus circunstancias; en estas obras la acción principal se va a realizar delante del espectador. Sea el que sea el enfoque del proceso, la liberación en el teatro de Sastre nunca es fácil ni definitiva. Las dudas y los remordimientos que pesan sobre la familia de Isaías al final de *La mordaza,* las ambigüedades morales, la posibilidad de un nuevo atrapamiento —todos estos elementos se repetirán en obras posteriores. Seguirá siendo una constante del teatro sastreano la dialéctica entre la acción y la inacción, y entre la eficacia y la ineficacia de la acción. Pero en las obras más representativas de Sastre a partir de *La mordaza,* nos encontramos ante una sugerencia de que la afirmación personal, aunque dolorosa, puede producir alguna apertura en las situaciones opresoras, y que en todo caso la acción liberadora es el único recurso de que dispone el individuo o la comunidad que quiere salvarse de las tinieblas de la opresión.

FARRIS ANDERSON

NOTICIA BIBLIOGRÁFICA

I. Obras dramáticas sueltas

Ana Kleiber. *Ateneo*, 15 abril 1955, pp. 17-24; 1 mayo 1955, pp. 17-18. Colección "Teatro", núm. 171, San Sebastián, Escelicer, 1957.

El circulito chino. Ilustrada Montserrat Clavé, La Habana, Gente Nueva, 1970.

La cornada. Colección "Teatro", núm. 253, Madrid, Escelicer, 1960. Pról. F. C. Sáinz de Robles, *Teatro español, 1959-60*, Madrid, Aguilar, 1961. Ed. y Pról. Manuel Durán y Federico Álvarez, *Voces españolas de hoy*, New York, Harcourt Brace & World, 1965.

El cuervo. *Primer acto*, núm. 6, enero-febrero 1958. Colección "Teatro", núm. 246, Madrid, Escelicer, 1960.

En la red. Colección "Teatro", núm. 316, Madrid, Escelicer, 1961. Pról. F. C. Sáinz de Robles, *Teatro español, 1960-61*, Madrid, Aguilar, 1962. *Primer acto*, núm. 23, mayo 1961, pp. 19-39.

Escuadra hacia la muerte. Colección "Teatro", núm. 77, Madrid, Escelicer, 1957. Ed. Anthony M. Pasquariello, pról. Sastre, New York, Appleton Century Crofts, 1967. *Teatro español actual*, La Habana, Instituto del Libro, 1970. Barcelona, Círculo de Lectores, 1971. *Teatro español representativo*, Madrid, Escelicer, 1972.

Guillermo Tell tiene los ojos tristes. Colección "Teatro", núm. 354, Madrid, Escelicer, 1962. Ed. y pról. Beatrice P. Patt y Martin Nozick, *Spanish Literature Since the Civil War*, New York, Dodd Mead, 1973.

El hijo único de Guillermo Tell. *Estreno*, IX, 1, Primavera 1983, p. T3-T8.

Historia de una muñeca abandonada. Ilustrada Felicidad Orquín, Salamanca, Anaya, 1964. Ilustrada Felicidad Orquín, *Teatro infantil*, Salamanca, Anaya, 1969.

La mordaza. Pról. F. C Sáinz de Robles, *Teatro español, 1954-55*, Madrid, Aguilar, 1956. Colección "Teatro", núm. 126, Madrid, Escelicer, 1959. Ed. y pról. Isabel Magaña Schevill y

José Luis S. Ponce de León, New York, Appleton Century Crofts, 1972.

Muerte en el barrio. Colección "Teatro", núm. 286, Madrid, Escelicer, 1961. Ed. y pról. Robert Bowbeer y Gladys Scheri, New York, Harcourt Brace Jovanovich, 1973.

Oficio de tinieblas. Colección "Teatro", núm. 546, Madrid, Escelicer, 1967. Pról. F. C. Sáinz de Robles, *Teatro español, 1966-67*, Madrid, Aguilar, 1968.

El pan de todos. Colección "Teatro", núm. 267, San Sebastián, Escelicer, 1960. *Ateneo*, 1 abril 1955, pp. 1-9.

La sangre de Dios. *Ateneo*, 1 mayo 1955, pp. 19-24; 15 mayo 1955, pp. 17-18.

La sangre y la ceniza. *Pipirijaina* (supl.), núm. 1, oct. 1976.

La taberna fantástica. Ed. Mariano de Paco, Murcia, Universidad de Murcia, 1983.

Tragedia fantástica de la gitana Celestina. *Primer acto*, núm. 192 (segunda época), enero-febrero 1982, pp. 63-102.

II. COLECCIONES DE OBRAS DRAMÁTICAS (por orden de publicación)

Teatro de vanguardia: 15 obras de Arte Nuevo. Pról. Alfredo Marqueríe, Madrid, Permán, 1949. Incluye *Ha sonado la muerte, Uranio 235, Comedia sonámbula, Cargamento de sueños*.

Teatro. Buenos Aires, Losada, 1960. Incluye *El cuervo, Ana Kleiber, Escuadra hacia la muerte, Tierra roja, Muerte en el barrio, Guillermo Tell tiene los ojos tristes*.

Cuatro dramas de la Revolución. Pról. Alfonso Sastre, Madrid, Bullón, 1963. Incluye *El pan de todos, Tierra roja, En la red, Guillermo Tell tiene los ojos tristes*.

Alfonso Sastre. Ed. José Monleón, Colección "El Mirlo Blanco", Madrid, Taurus, 1964. Incluye *Cargamento de sueños, Prólogo patético, Asalto nocturno*, y una buena colección de artículos y documentos.

Tres dramas españoles. Colección "Ebro", París, Librairie du Globe, 1965. Incluye *El cubo de la basura, La cornada, Oficio de tinieblas*.

Teatro selecto. Madrid, Escelicer, 1966. Incluye *Escuadra hacia la muerte, La mordaza, Ana Kleiber, La sangre de Dios, En la red, La cornada, Guillermo Tell tiene los ojos tristes*.

Guillermo Tell tiene los ojos tristes, Muerte en el barrio, Asalto nocturno. Madrid, Colección "Novelas y Cuentos", 1967.

Obras completas, 1. Pról. Domingo Pérez-Minik, notas Alfonso Sastre, Madrid, Aguilar, 1967. Incluye todas las obras teatrales excepto *La sangre y la ceniza, La taberna fantástica, El banquete, Crónicas romanas, El camarada oscuro.*

El escenario diabólico. Pról. Alfonso Sastre, Barcelona, Los Libros de la Frontera, 1973. Incluye *El cuervo, Ejercicios de terror, Las cintas magnéticas.*

La sangre y la ceniza y Crónicas Romanas. Edición de Magda Ruggeri Marchetti, Madrid, Cátedra, 1979.

Teatro político. Donostia, Hórdago, 1979. Incluye *Askatasuna, El camarada oscuro, Análisis espectral de un Comando al servicio de la Revolución Proletaria.*

III.   VERSIONES EXTRANJERAS DE OBRAS DRAMÁTICAS

Ana Kleiber: Anna Kleiber, tr. Leonard C. Pronko, ed. Robert W. Corrigan, *The New Theatre of Europe,* "Delta Books", New York, Dell, 1962. *Ana Kleiber,* tr. Egito Gonçalves, Lisboa, Editorial Presença, 1963.

Las cintas magnéticas: Les bandes magnetiques, Premio Italia, Sociedad Española de Radiodifusión, 1971. *The Magnetic Tapes,* Premio Italia, Sdad. Esp. de Radiodifusión, 1971.

La cornada: La cornada y seis obras más (en ruso), Moscú, Iskýsstbo, 1973. *Der Tod des Torero,* en *Zwei Dramen,* tr. Kurt Stern y Kristina Bärsch, posfacio Andreas Klotsch, Berlín, Verlag Volk und Welt, 1968. *L'incornata,* tr. María Luisa Aguirre, *Teatro uno,* Torino, Einaudi, 1962. *La cinci după-amiază,* tr. Grigore Dima, *Secolul 20* (Bucharest), núm. 8, 23 agosto 1967. *Death Thrust,* tr. Leonard C. Pronko, ed. Robert W. Corrigan, *Masterpieces of the Modern Spanish Theatre,* New York, Collier Books, 1967.

Crónicas romanas: Cronache romane, tr. Ignazio Delogu, *Il dramma,* Anno 46, núm. 1, enero 1970, pp. 95-113.

El cuervo: O corvo, tr. Egito Gonçalves, *Três peças de Alfonso Sastre,* Porto, Divulgaçao, 1961.

Ejercicios de terror: Il dottor Frankenstein a Hortaleza, tr. María Luisa Aguirre, *Sipario,* núm. 306, noviembre 1971, pp. 72-79.

En la red: Im Netz, en *Zwei Dramen,* tr. Kurt Stern y Kristina Bärsch, posfacio Andreas Klotsch, Berlín, Verlag Volk und

Welt, 1968. *Im Netz,* tr. Kurt Stern, en *Sinn und Form,* Berlín, Rütten & Loening, 1966. *Nella rete,* tr. María Luisa Aguirre y Dario Puccini, Milano, Feltrinelli, 1967.

Escuadra hacia la muerte: The Condemned Squad, tr. Cyrus DeCoster, *Players Magazine,* XXXVIII, núm. 2, noviembre 1961, pp. 57-68. *Condemned Squad,* tr. Leonard C. Pronko, ed. Marion Holt, *The Modern Spanish Stage: 4 Plays.* New York, Hill and Wang, 1970. *Avamposto,* tr. Flaviarosa Rossini y Giuseppe Maffioli, *Palcoscenico,* Anno 49, enero-febrero 1953. *Esquadra para a morte,* tr. Egito Gonçalves, *Três peças de Alfonso Sastre,* Porto, Divulgaçao, 1961.

Guillermo Tell tiene los ojos tristes: Sad Are the Eyes of William Tell, tr. Leonard C. Pronko, ed. George E. Wellwarth, *The New Wave Spanish Drama,* "The Gotham Library", New York, New York University Press, 1970. *Wilhelm Tell are ochii tristi,* tr. Cristina Isbăsescu-Hăulică, *Secolul 20* (Bucharest), núms. 10-11-12, 1972. *Gli occhi tristi di Guglielmo Tell,* tr. María Luisa Aguirre, *Sipario,* núms. 256-257, agosto-septiembre 1967, pp. 37-50. *Guilherme Tell tem os olhos tristes,* tr. Egito Gonçalves, Lisboa, Prelo, 1965.

La mordaza: Warum sie schweigen..., tr. Wolfgang Nufer, Hamburg, Rowohlt Theaterverlag, s.f. *A. Szájkosár,* tr. Benyhe János, *Világszínpad 2,* Budapest, Magvetö Könyvkiadó, 1971. *A mordaça,* tr. Egito Gonçalves, *Três peças de Alfonso Sastre,* Porto, Divulgaçao, 1961.

Muerte en el barrio: Morte no bairro, tr. Egito Gonçalves, Lisboa, Editorial Presença, 1963.

Prólogo patético: Pathetic Prologue, tr. Leonard C. Pronko. *Modern International Drama,* I, núm. 2, marzo 1968, pp. 195-215.

La sangre y la ceniza: Il sangue e la cenere, tr. María Luisa Aguirre y Dario Puccini, Milano, Feltrinelli, 1967.

IV. OBRAS EN PROSA Y POESÍA

Balada de Carabanchel (y otros poemas celulares). París, Ruedo Ibérico, 1976.

"Estrépito y resplandor." *Antología de cuentistas españoles contemporáneos,* ed. Francisco García Pavón, 2.ª ed., Madrid, Gredos, 1966, pp. 306-308.

Flores rojas para Miguel Servet. Madrid, Rivadeneyra, 1967.

"Historia popular de los vampiros Zarco y Amelia." *Antología de la literatura fantástica española,* ed. José Luis Guarner, Barcelona, Bruguera, 1969, pp. 655-663.

El lugar del crimen. Barcelona, Argos Vergara, 1982.

"Melodrama." *Camp de l'arpa,* núm. 1, mayo 1972, pp. 8-9.

"Nada de llantos." *Poemas al Ché,* La Habana, Instituto del Libro, 1969, p. 40.

Las noches lúgubres. Madrid, Horizonte, 1964. Madrid, Júcar, 1973.

El Paralelo 38. Madrid, La Novela Popular, 1965.

T.B.O. Colección "Guernica", Bilbao, Zero, 1978.

"Tarde en Navacerrada." *El urogallo,* núm. 3, junio-julio 1970, p. 31.

"Te veo, Viet-nam." *El urogallo,* núms. 21-22, mayo-agosto 1973, pp. 57-62.

V. ENSAYO Y CRÍTICA (Los libros van por orden alfabético, los artículos por orden cronológico. De los centenares de artículos que Sastre tiene publicados, aquí sólo damos noticia de algunos de los más interesantes.)

Anatomía del realismo. Barcelona, Seix Barral, 1965.

Crítica de la imaginación. Barcelona, Grijalbo, 1978.

Drama y sociedad. Madrid, Taurus, 1956.

Escrito en Euskadi: Revolución y cultura (1976-1982). Madrid, Editorial Revolución, 1982.

Lumpen, marginación y jerigonça. Madrid, Legasa, 1980.

"Palabras sobre la tortura", en *Testimonios de lucha y resistencia de Eva Forest.* Donostia, Hórdago, 1979.

La Revolución y la crítica de la cultura. Barcelona, Grijalbo, 1970.

"El premio Lope de Vega." *La Hora,* 6 noviembre 1949.

"La universidad y el teatro." *Guía,* mayo 1951, p. 31.

"Contestación espontánea a una encuesta sobre teatro católico." *Correo literario,* núm. 24, 15 mayo 1951, p. 2.

"A propósito de 'La muerte de un viajante', de Arthur Miller." *Cuad. hispanoamericanos,* núm. 27, marzo 1952, pp. 454-456.

"Polémica trasplantada." *Correo literario,* núm. 43, 1 marzo 1952, p. 12.

"El teatro revolucionario." *Guía,* agosto 1952, p. 22.

"Teología del drama." *Correo literario,* núm. 85, 1 diciembre 1953, p. 10.

"Siete notas sobre 'Esperando a Godot'." *Primer acto,* núm. 1, abril 1957, pp. 46-52.

"El teatro de Alfonso Sastre visto por Alfonso Sastre." *Primer acto,* núm. 5, noviembre-diciembre 1957, p. 7.

"Teatro imposible y pacto social." *Primer acto,* núm. 14, mayo-junio 1960, pp. 1-2.

"A modo de respuesta." *Primer acto,* núm. 16, septiembre-octubre 1960, pp. 1-2.

"Nivel político, pureza estética." *Cuadernos para el diálogo,* junio 1966 (extraordinario), pp. 37-38.

"Veintitrés dificultades para ser un autor teatral inconformista." *Cuadernos para el diálogo,* núm. 44, mayo 1967, p. 39.

"Sobre el momento actual de la crítica literaria y artística en España." *Cuadernos para el diálogo,* núm. 50, noviembre 1967, pp. 34-35.

"Pequeñísimo organon para el teatro y los niños." *Cuadernos de Teatro Infantil* (1), Madrid, Real Escuela Superior de Arte Dramático y Danza, 1970. Segunda parte: *El urogallo,* III, núm. 18, noviembre-diciembre 1972, pp. 126-134.

"Sin sede y sin grey." *Triunfo,* núm. 433, 19 sept. 1970, pp. 30-32.

"Sartre: crítica del intelectual clásico." *Triunfo,* núm. 437, 17 octubre 1970, pp. 12-14.

"Claudio de la Torre, después del diluvio." *Diario de las Palmas,* 30 octubre 1970, p. 12.

"Ensayo sobre Drácula." *Triunfo,* núm. 460, 27 marzo 1971, pp. 34-41.

"La busca." *Triunfo,* núm. 466, 8 mayo 1971, pp. 26-31.

"¡Vergüenza y cólera!" *Triunfo,* núm. 470, 5 junio 1971, pp. 18-19.

"Servetus, o el español errante." *Triunfo,* núm. 475, 6 noviembre 1971, pp. 26-29.

"Colloquio scottante." *Il dramma,* Anno 48, núm. 1, enero 1972, pp. 102-107. (Entrevista con Peter Weiss.)

"Poco más que anécdotas 'culturales' alrededor de quince años 1950-65." *Triunfo* (especial), núm. 507, 17 junio 1972, pp. 81-85.

"Enajenación y utopía: a propósito de un hecho teatral." *El urogallo,* núm. 18, noviembre-diciembre 1972, pp. 126-134.

"Dialoguillo de uno y dos." *Camp de l'Arpa,* núm. 6, marzo-abril 1973, pp. 8-11.

BIBLIOGRAFÍA SELECTA SOBRE EL AUTOR

Albornoz, Aurora de. "La prosa narrativa de Alfonso Sastre", *Cuadernos para el diálogo,* XXVI (extraordinario), julio 1971, pp. 34-41.

Anderson, Farris, *Alfonso Sastre.* Twayne's World Authors Series. New York, Twayne Publishers, Inc., 1971.

——. "Introducción a *El hijo único de Guillermo Tell* de Alfonso Sastre", *Estreno,* IX, 1, Primavera 1983, pp. T1-T2.

——. "Sastre on Brecht: The Dialectics of Revolutionary Theatre," *Comparative Drama,* III, núm. 4, Invierno 1969-70, pp. 282-296.

Buero Vallejo, Antonio. "Obligada precisión acerca del 'Imposibilismo'", *Primer acto,* núm. 15, julio-agosto 1960, pp. 1-6.

Castellet, José María. "Panorama de los jóvenes: el teatro", *Correo literario,* V, núm. 7, noviembre 1954, s.p.

Caudet, Francisco. "Alfonso Sastre", *Primer acto* núm. 192 (segunda época), enero-febrero 1982, pp. 46-49.

——. "Conversación con Alfonso Sastre", *Primer acto,* núm. 192 (segunda época), enero-febrero 1982, pp. 50-62.

——. *Crónica de una marginación: Conversaciones con Alfonso Sastre,* Madrid, Ediciones de la Torre, 1984.

Cueva, Jorge de la. "Tres estrenos de Arte Nuevo", *Ya,* 12 abril 1946, p. 4.

DeCoster, Cyrus C. "Alfonso Sastre", *Tulane Drama Review,* V, núm. 2, Invierno 1960, pp. 121-132.

García Pavón, Francisco. *Teatro social en España.* Madrid, Taurus, 1962.

Gordón, José. *Teatro experimental español*. Madrid, Escelicer, 1965.

"*La mordaza* de Alfonso Sastre", *Alcalá*, núm. 58, 25 junio 1954, s.p.

Lázaro Carreter, Fernando. "'La sangre y la ceniza' de Alfonso Sastre", *Gaceta Ilustrada*, Madrid, 29 enero 1978.

Marra-López, José R. "Alfonso Sastre, narrador: Un nuevo realismo", *Ínsula*, núm. 212-213, julio-agosto 1964, p. 10.

Monleón, José, ed. *Alfonso Sastre*. Colección "El Mirlo Blanco". Madrid, Taurus, 1964.

Pemán, José María. "El artículo de José María Pemán", *Primer acto*, núm. 12, enero-febrero 1960, pp. 13-15.

Pérez Coterillo, Moisés. "Alfonso Sastre: 'Mi patria es el idioma'", *El público*, núm. 19, abril 1985, pp. 9-13.

Repetto, Arrigo. "I venti anni dell' 'altro teatro' spagnolo", *Il dramma*, Anno 45, núm. 6, marzo 1969, pp. 57-58.

Ruggeri Marchetti, Magda. *Il teatro di Alfonso Sastre*. Biblioteca di Cultura 68. Roma, Bulzoni, 1975.

Ruiz Ramón, Francisco. *Historia del teatro español: siglo XX*. 2.ª ed. Madrid, Cátedra, 1975, pp. 384-419.

Salvat, Ricard. *El teatre contemporani*, II. Barcelona, Edicions 62, 1966.

Torrente Ballester, Gonzalo. *Teatro español contemporáneo*. 2.ª ed. Madrid, Guadarrama, 1968.

Vázquez Zamora, Rafael. "Alfonso Sastre no acepta el 'posibilismo'", *Ínsula*, XV, núm. 164-5, julio-agosto 1960, p. 27.

NOTA PREVIA

Los textos que ofrecemos aquí están basados en las dos ediciones más corregidas y más cuidadas del teatro de Sastre: la de Escelicer (*Teatro selecto,* 1966), y la de Aguilar (*Obras completas,* 1967). Se han corregido las erratas de imprenta, pero los textos no se han cambiado en lo esencial.

Las notas son, por supuesto, originales. Algunas —las que se refieren al proceso de la creación de las obras— han sido posibles gracias a la generosidad de Alfonso Sastre, que puso a mi completa disposición sus manuscritos, sus papeles y sus recuerdos.

NOTA A LA SEGUNDA EDICIÓN

La Introducción anterior la escribí para la primera edición de estas obras en la serie "Clásicos Castalia". Como verá todo el que la lea, está superada en algunos detalles. Sin embargo, en lugar de rehacerla para ponerla al día, he preferido dejarla tal como está, a modo de testimonio del momento del que es producto, y realizar la puesta al día por medio de esta nota aclaratoria. Evidentemente, los datos numéricos que en ella se daban acerca de las obras de Sastre ya no valen, puesto que han quedado superados por la labor literaria realizada después de la primera edición de este libro. Sin embargo, la Bibliografía se ha puesto al día para que refleje los títulos más importantes de la obra sartreana de estos últimos años, igual que las obras críticas de reciente aparición.

Escribí esa Introducción en el caluroso verano madrileño de 1973. Mi escritorio era una mesita del Café Universal, en la Puerta del Sol, a donde iba a trabajar todos los días a primera hora de la tarde. Unos meses después, el antiguo y venerable Café Universal dejó de existir, víctima de eso que algunos llaman "el progreso".

Sin embargo, por muy triste que fuera, no fue la desaparición del Universal el suceso más importante que

separa la primera edición de este libro de la segunda. A nivel sociopolítico, España pasa por cambios monumentales. Una consecuencia directa de estas transformaciones en la vida política española es una serie de cambios en las condiciones del teatro. Alfonso Paso deja de ser una figura importante del teatro, luego muere en 1978. Buero Vallejo pasa a ser la eminencia gris del teatro; estrena poco, y cuando estrena su obra es acogida con poco entusiasmo. La eliminación de la censura moralista, a raíz del cambio de régimen político, conduce a unos años de desenfadado destape, durante los que parece que los intérpretes desnudos en la escena española son más numerosos que los vestidos. Se intenta la recuperación de importantes y postergadas figuras del teatro español: García Lorca, Valle-Inclán, Alberti. Se hacen notar nuevos grupos experimentales. Irónicamente, a causa de la apertura, la programación del teatro se vuelve confusa y caprichosa; se convierte en ensalada de obras venerables recuperadas, vodeviles vulgares, obras experimentales que quieren ser vanguardistas, y comedias musicales tipo Broadway. El público declina, desaparecen salas, y siempre la crisis del teatro...

En cuanto a Alfonso Sastre, los años 1973-1985 también son años críticos. En el otoño de 1974 Sastre y Eva Forest son encarcelados por su supuesta implicación en la bomba que hace explosión en un café de la calle del Correo en septiembre de aquel año. Sastre será puesto en libertad a los nueve meses; Eva permanecerá en la cárcel casi tres años. Su caso será motivo de protestas internacionales. Después de su puesta en libertad en mayo de 1977, Eva y Alfonso se marchan a Fuenterrabía, donde vivirán y seguirán escribiendo, ya desde un férreo compromiso con el nacionalismo vasco.

En 1979 Sastre consigue el visado norteamericano y viaja a California como profesor invitado en la Universidad de Irvine, viaje que repetirá al año siguiente, y de paso visitará la Universidad de Washington en Seattle.

Sería interesante que pudiera informar aquí, entre las novedades que separan las dos ediciones de este libro,

que a raíz del cambio de régimen político en España
Sastre pasó a ocupar un lugar central en el teatro
profesional. Sin embargo, no es así. Cuando por fin se
produce el cambio de régimen, cuando por fin ya no hay
impedimentos oficiales que le alejen de los escenarios
madrileños, Sastre ya está demasiado apartado del teatro
profesional para reintegrarse. El tipo de teatro que
escribe, sus relaciones personales con la gente del teatro,
su larga ausencia de los escenarios madrileños, su deter-
minación de no vivir más en Madrid, una postura
política que sigue siendo dialéctica y desafiante incluso
después de la venida de la "democracia": por todos estos
motivos Alfonso Sastre seguirá siendo un escritor al
margen del teatro profesional. Al llegar a 1975 las tensas
relaciones entre Sastre y el teatro profesional español
están ya demasiado arraigadas para dejarse influir por el
nuevo liberalismo que recorre la vida cultural del país.
La intervención de Sastre en el teatro español seguirá
realizándose a través de grupos experimentales y en un
teatro revolucionario que a veces se quedará sin estrenar.
A partir de su traslado a Fuenterrabía, Sastre se dedica
mucho más a la literatura narrativa y ensayística que a la
obra dramática.

Una nota esperanzadora, sin embargo, es el estreno en
abril de 1985 de la "Celestina" de Sastre. Esta obra se ha
estrenado en Barcelona, en la Sala Villarroel, patrocina-
da por el GAT de L'Hospitalet y el Centre Dramatic de
la Generalitat. Ha tenido una crítica favorable y constituye un momento de máxima importancia en la carrera de
Sastre. Hasta el momento no es más que una excepción
luminosa; hace resaltar la ausencia de 18 años que
llevaba Sastre de los escenarios profesionales españoles.

¿Y qué decimos de las dos obras que se dan en este
tomo: *Escuadra hacia la muerte* y *La mordaza*? Son
productos de un momento opresivo y tienen por tema
central esa misma opresión. Hoy, España ya no vive bajo
el peso de una dictadura militar. Hoy, el contexto
sociopolítico del teatro es otro. ¿Habría que afirmar, por
lo tanto, que *Escuadra hacia la muerte* y *La mordaza* ya

no tienen la misma significación ni la misma urgencia que tenían hace treinta años cuando se escribieron? ¿O hace doce años, cuando se preparó la primera edición de este libro? Diría yo que, efectivamente, han cambiado de significación: al cambiarse el contexto, inevitablemente se cambia el significado de la obra. Pero no por eso es menos urgente. *Escuadra hacia la muerte* y *La mordaza* son tan vigentes hoy como en 1954 o 1973. Si bien es cierto que las condiciones inmediatas del contexto ya son otras, sólo un análisis muy superficial pretendería hacer de una obra simple espejo de condiciones sociales pasajeras. La más profunda significación de estas obras no procede de su relación con las circunstancias del momento, sino de la denuncia que hacen del problema de la libertad y la dignidad humanas. Este problema es una constante de la existencia humana. Será más evidente en momentos de clara represión política, pero nunca deja de existir porque nunca dejan de existir instituciones e individuos que pretenden controlar a otros seres humanos. El autoritarismo y la urgencia de combatirlo: éste es el meollo dramático de estas obras, y no es menos vigente hoy que hace treinta años. Sean los que sean los cambios políticos recién realizados, el hombre de hoy sigue sujeto a "largas marchas sin sentido" y "caminos que no van a ninguna parte". Sigue rodeado de amenazas invisibles, capaces de acabar con el mundo en pocas horas. Sus instituciones siguen en manos de individuos, con frecuencia también invisibles, que desde la arrogancia y la ignorancia disponen de su vida como quieren. Sin embargo, la otra cara de la moneda es que el hombre de hoy sigue vendiendo su libertad: por miedo, por confusión, por pereza, por beneficios materiales. La dialéctica esclavitud-libertad nunca ha sido más vigente. Estas dos obras siguen apuntando a las autoridades represivas que nos mandan..., pero también a los que las dejamos mandar.

F. A.

ESCUADRA HACIA LA MUERTE

DRAMA EN DOS PARTES

Este drama fue estrenado por el Teatro Popular Universitario, el 18 de marzo de 1953, en el teatro María Guerrero, de Madrid,

PERSONAJES [1]

SOLDADO ADOLFO LAVIN.
SOLDADO PEDRO RECKE.
SOLDADO LUIS FOZ.
CABO GOBAN.
SOLDADO JAVIER GADDA.
SOLDADO ANDRÉS JACOB.

La acción, en la casa de un guardabosques.
Tercera guerra mundial.

---

[1] Al escribir *Escuadra hacia la muerte* para un estreno en Londres, que luego no se realizó, Sastre puso apellidos hispánicos a todos los personajes. En el manuscrito original de la obra los personajes se denominan Adolfo Reyes, Pedro López, Luis García, Cabo Ruiz, Javier Romero y Andrés González. Sastre sustituyó estos apellidos por los no hispánicos, que fueron los definitivos, cuando preparaba la obra para su estreno en España. En el plan primitivo que Sastre escribió para orientarse en la composición de la obra se ve que Javier iba a llevar el nombre de José Antonio Palacios, que luego se cambió por el de José Luis Romero, y por fin, al escribirse el manuscrito, por Javier Romero.

PARTE PRIMERA

CUADRO PRIMERO

[handwritten: locación no especificada]

INTERIOR de la casa de un guardabosques, visible por un corte vertical. Denso fondo de árboles. Explanada en primer término. Es la única habitación de la casa. Chimenea encendida. En los alrededores de la chimenea, en desorden, los petates de seis soldados. En un rincón, ordenados en su soporte, cinco fusiles y un fusil ametrallador. Cajas de municiones. Una barrica de agua. Un teléfono de campaña. Una batería eléctrica. Un gran montón de leña. Una caja de botiquín, con una cruz roja. Puerta al foro y ventana grande en muro oblicuo a la boca del escenario.

[handwritten annotations: bundles (sobre "petates"); corner (sobre "rincón"); firewood (sobre "leña")]

> *(Es la hora del crepúsculo. Alrededor de la lumbre, Luis, Adolfo y Pedro, sentados en sus colchonetas dobladas, juegan a los dados. Javier, tumbado en su colchoneta extendida, dormita. Aparte, el Cabo Goban limpia cuidadosamente su fusil. Empieza la acción.)*

[handwritten: ignora la; piensa en dominación]

ADOLFO. *(Echa los dados.)* Dos ases.
PEDRO. *(Lo mismo.)* Uno. Eh, tú, Luis, te toca a ti.
LUIS. *(Que parece distraído.)* ¿Eh?
PEDRO. Que te toca a ti.

> *(Luis no dice nada. Echa los dados, uno a uno, en el cubilete y juega. No mira la jugada.)*

65

[handwritten: juego — porque son aburridos — para diversión — esconder la verdad?]

ADOLFO. Has perdido. Y llevas dos. Tira. (*Luis juega de nuevo.*) Dos damas. Tira. (*Luis echa tres dados en el cubilete y juega.*) Cuatro. Está bien. (*Luis no suelta el cubilete.*) ¿Me das el cubilete?

LUIS. Ah, sí..., perdona.

(*Se lo da, y Adolfo echa los dados.*)

PEDRO. ¿Qué te pasa? ¿Es que no te encuentras bien?

LUIS. Es que... debo tener un poco de fiebre. Siento (*Por la frente.*) calor aquí.

PEDRO. Echate un poco a ver si se te pasa.

LUIS. No. Prefiero... Si me acuesto es peor... Prefiero no acostarme. Ya se me pasará ¿Quién tira?

ADOLFO. Yo. (*Tira. Contrariado, vuelve a echar los cinco dados y juega.*) Tres reyes.

PEDRO. (*Juega.*) Dos... (*Vuelve a tirar.*) y cuatro. Apúntate otra.

(*Se lo dice a Adolfo.*)

ADOLFO. Ya lo sé. (*Bosteza. Juega y ríe.*) Cinco rojos. Me basta.

PEDRO. (*Juega.*) Menos. (*A Luis.*) Tú. (*Pero Luis no le escucha. Tiene la cabeza inclinada y se aprieta las sienes con los puños. Está sudando.*) Luis, pero ¿qué te ocurre?

LUIS. (*Gime.*) Me duele mucho la cabeza. (*Levanta la vista. Tiene lágrimas en los ojos.*) Debió ser ayer, durante la guardia... Cogí frío... El frío no me hace bien... desde pequeño. (*Gime.*) Me duele mucho.

PEDRO. Espera.

(*Se levanta y va al fondo. Abre una caja de botiquín y saca un tubo. Extrae una pastilla. Saca un vaso del bolsillo y coge agua. Echa la pastilla.*)

CABO. (*Sin volverse.*) ¿Qué haces?

PEDRO. Es una tableta... para Luis. No se encuentra bien.

CABO. *(Sin levantar la cabeza.)* ¿Qué le pasa?

PEDRO. Le duele la cabeza. Está malo.

CABO. Esa caja no se abre sin mi permiso. No podemos malgastar los medicamentos. ¿Entendido? Pero aunque los tuviéramos de sobra.

PEDRO. Sí, cabo.

CABO. *(Sonríe duramente.)* Estoy hablando en general; ¿comprendes? Si a ése le duele tanto la cabeza le das el calmante y no hay más que hablar. Yo también soy compasivo, aunque a veces no lo parezca. Bueno, ya sabéis que esta situación puede prolongarse mucho tiempo y que no estamos autorizados para pedir ayuda a la Intendencia. El mando nos ha dado víveres y medicinas para dos meses. Durante estos dos meses no existimos para nadie. Está anotada la fecha en que empezamos a contar otra vez... En febrero... Mientras tanto, los que saben que estamos aquí piensan en otras cosas. Pero, además..., es que soy el jefe de la escuadra. ¿Sabéis lo que es eso? *(Levanta la cabeza.)* Bien, ¿qué esperas?

> *(Pedro da un taconazo y vuelve con los otros. El Cabo continúa en su tarea.)*

PEDRO. *(Le da el vaso a Luis.)* Tómate esto.

LUIS. *(Lo toma.)* Gracias.

> *(Se recuesta en la pared y queda en silencio.)*

PEDRO. *(A Adolfo.)* ¿Quieres un pitillo?

ADOLFO. Bueno. *(Encienden. El Cabo ha empezado a canturrear una canción.)* Ya está ése cantando.

PEDRO. Sí. Se ve que le gusta... esa canción.

ADOLFO. Me crispa los nervios oírle.

PEDRO. ¿Por qué?

ADOLFO. Eso no se sabe. No le gusta a uno y basta.

> *(Pedro echa un tronco en la chimenea.)*

PEDRO. Se está bien aquí, ¿eh? Alrededor del fuego. *(Fuma. Atiza el fuego.)* Me recuerda mi pueblo. A estas horas nos reuníamos toda la familia junto a la lumbre.

ADOLFO. Yo también soy de pueblo. Pero he vivido toda mi vida en la capital.

PEDRO. Yo salí de la aldea a los dieciocho años y no he vuelto nunca. Tengo veintinueve.

ADOLFO. ¿A qué te dedicabas?

PEDRO. Trabajaba en una fábrica. ¿Y tú?

ADOLFO. Negocios.[2] *(Pausa. Fuman. Baja la voz.)* Oye, ¿es que ése no pasa frío?

PEDRO. *(Pone el dedo en la boca.)* Cállate. Te va a oír y tiene muy malas pulgas.

ADOLFO. Ya lo sé. ¿Y a mí qué me importa? ¿Por qué no se sienta a la lumbre con nosotros? Es un tipo que no me hace gracia. Nos trata a patadas el muy bestia. *(El Cabo sigue canturreando.)* Seguramente se cree que es alguien, y no tiene más que un cochino galón de cabo. Este es uno de esos "primera" que se creen generales.

PEDRO. ¿Te vas a callar o no?

(Pausa.)

ADOLFO. *(Con un ademán brusco arroja el pitillo.)* Tres días que estamos aquí y ya parece una eternidad.

PEDRO. Yo pienso que si a los cinco días de conocernos ya empezamos así..., mala cosa.

ADOLFO. Ya empezamos, ¿a qué?

PEDRO. A no soportarnos.

ADOLFO. ¡Bah!

PEDRO. La verdad es que esto de no hacer nada... tan sólo esperar..., no es muy agradable.

---

[2] No sólo el apellido, sino también la profesión de Adolfo se transformó entre el momento de la concepción y el del estreno de la obra. Consta en el plan de trabajo que Adolfo había de ser un antiguo torero: un detalle "español" destinado al público británico.

ADOLFO.   No; no es muy agradable. Sobre todo sabiendo lo que nos espera... si no hay alguien que lo remedie.

PEDRO.   ¿Qué quieres decir?

ADOLFO.   Nada.

PEDRO.   Bueno. Yo creo que lo mejor es no amargarse la vida con lo que nos espera o no nos espera. Porque no se sabe nada de lo que va a pasar...

ADOLFO.   Yo he pensado que es posible que la ofensiva no se produzca.

PEDRO.   Es posible. En cuanto a mí, preferiría lo contrario.

ADOLFO.   ¡Ah! ¿Prefieres...?

PEDRO.   Sí. Lo que no me gusta es que no pase nada. Hace tres meses que no pego un tiro y esto no me sienta bien.

ADOLFO.   Ahora va a resultar que eres un patriota. *relación*

PEDRO.   No. No soy un patriota. Es que... bueno, es *con* una historia muy larga de contar. *país*

ADOLFO.   ¿Por qué te han metido en esta escuadra? Todos sabemos que estamos aquí por algo. Esto es... creo que lo llaman una "escuadra de castigo". Un puesto de peligro y... muy pocas posibilidades de contarlo. Bien, ¿por qué ha sido? No será porque eres un hombre virtuoso, ¿eh?, un angelito.

PEDRO.   No, claro... Es que maltraté a unos prisioneros, según dicen.

ADOLFO.   ¿Qué les hiciste? ¿Arrancarles la piel a tiras? ¿O extraerles cuidadosamente los ojos?

PEDRO.   Nada. ¿Qué te importa? Déjame tranquilo.

ADOLFO.   Odias a esa gente, ¿no?, al enemigo... al misterioso enemigo. Almas orientales... Refinados y crueles. [3] ¿Los odias?

PEDRO.   Con toda mi alma.

---

[3] Esta breve caracterización del enemigo es, según Sastre, una ligera parodia del concepto popular de los rusos que existía en todo el mundo Occidental en la década de 1950: que eran unos monstruos exóticos, que constituían una amenaza constante, que pertenecían a otra especie y por lo tanto eran incomprensibles.

ADOLFO. Tendrás... motivos particulares.

PEDRO. (*Con esfuerzo.*) Sí, muy particulares. Verdaderamente... particulares. (*Se levanta y, nervioso, da unos paseos con las manos en los bolsillos. Va a la ventana y queda mirando hacia afuera.*) Buen frío debe hacer fuera, ¿eh, cabo? Vaya tiempo.

> (*El Cabo se encoge de hombros. Mete el cerrojo en el fusil y se levanta. Deja el arma en un rincón. Se estira. Adolfo le observa en silencio. El Cabo se acerca adonde duerme Javier y le da con el pie.*)

CABO. Eh, tú. Ya está bien de dormir. (*Javier se remueve débilmente.*) ¿Lo oyes? ¡Levántate ya!

> (*Le da de nuevo con el pie. Javier se incorpora y queda sentado. Saca de un bolsillo unas gafas montadas al aire y se las pone.*)

JAVIER. ¿Qué hay?

CABO. Que ya está bien de dormir. ¿Te has creído que estás de vacaciones?

JAVIER. (*Se ha levantado y está en una actitud parecida a "firmes".*) No... no tenía nada que hacer.

CABO. Estar atento y dispuesto. ¿Te parece poco? Coge el ametrallador. (*Javier va por él y lo coge. Vuelve junto al Cabo.*) Está sucio. Límpialo.

JAVIER. A sus órdenes.

> (*Se sienta y trata de limpiarlo, desganadamente.*)

CABO. Y a ése, ¿qué le pasa? ¿Sigue malo? (*Adolfo se encoge de hombros.*) Tú. Basta ya de cuento.

> (*Luis no abre los ojos. El Cabo le da en la cara con el revés de la mano.*)

LUIS. (*Entreabriendo los ojos, penosamente.*) Me... me sigue doliendo mucho. Como si tuviera algo aquí. (*Por un lado de la cabeza.*) Es... un fuerte dolor.

CABO. No te preocupes. Se te quitará en la guardia. Es tu hora.

LUIS. (*Consulta su reloj.*) ¿Mi hora?

(*Trata de levantarse.*)

CABO. Sí, tu hora. ¿Le extraña al "señorito"? (*Cambia de tono.*) Hay que estar atento al reloj, ya lo sabes. Espero que no vuelva a ocurrir..., ibas a llevarte un disgusto. Ni yo soy un bedel ni tú un gracioso colegial. Estás vistiendo un traje militar, pequeño. Si no te has dado cuenta, vas a pasarlo muy mal conmigo. (*Luis se ha levantado. Se pone con mucho trabajo el capote y el correaje. Coge el fusil y, al tratar de colgárselo, vacila. El fusil cae al suelo. Con un rugido:*) ¿En qué estás pensando, idiota? El fusil no se puede caer. (*Entre dientes.*) Eso no puede suceder nunca.

PEDRO. Cabo, me atrevo a decirle que Luis está realmente enfermo. Yo haré su guardia.   *conexión*

CABO. Cállate tú.

PEDRO. Es que...

CABO. ¡Silencio! Y no vuelvas a meterte en lo que no te importa. Tú vete ya. Yo no puedo admitir que un soldado se ponga enfermo como una pálida muchachita. Es la hora del relevo y eso es sagrado. (*Luis, vacilante, sale. Hay una ráfaga de aire al abrir la puerta. Un silencio. Pedro está mirando fijamente al Cabo. Éste se sienta junto a la lumbre y enciende un pitillo. Observa el trabajo de Javier.*) Ese cierre no está limpio. (*Javier coge la pieza y la mira.*) Puede quedar mejor, ¿no crees? (*Javier no responde. Se limita, con encogimiento de hombros, a limpiarla de nuevo.*) Pedro, trae la barrica.

(*Pedro coge un barrilito y se lo lleva al Cabo. Adolfo se acerca y Javier deja el ametrallador para sacar un vaso aplastado del bolsillo. Todos esperan algo. El Cabo extrae con un cazo y reparte una pequeña ración del líquido a cada uno. Adolfo lo saborea. Pedro lo bebe en dos veces. Javier, de un trago.*)

ADOLFO. (*Cuando ha saboreado la última gota voluptuosamente.*) Cabo, no creo que un poco más de coñac nos hiciera daño. Sólo... un poco. Con este frío...

CABO. (*Bebiendo lo suyo, que acaba de echarse.*) Lo poco que bebemos es porque hace frío. Hay que tener cuidado con el alcohol. He visto a magníficos soldados perder el respeto al uniforme... por el alcohol.

PEDRO. ¿Usted... ha sido soldado toda su vida?

CABO. (*Apura el coñac.*) Sí.

PEDRO. (*Tratando de conversar con él.*) ¿Cuánto tiempo hace que viste el uniforme, cabo? Es una forma de preguntarle cuántos años tiene.

CABO. Tengo treinta y nueve... A los diecisiete ingresé en la Legión, pero desde pequeño era ya soldado... Me gustaba...

PEDRO. (*Ríe.*) ¡Es usted un hombre que no ha llevado corbata nunca, cabo!

(*Una pausa. Pedro deja de reir. Un silencio.*)

CABO. Este es mi verdadero traje. Y vuestro "verdadero traje" ya para siempre. El traje con el que vais a morir. (*Ante el gesto de los otros se ríe él. Ellos se miran con inquietud. El gesto del Cabo se endurece, y añade:*) Este es el traje de los hombres: un uniforme de soldado. Los hombres hemos vestido siempre así, ásperas camisas y ropas que dan frío en el invierno y calor en el verano... Correajes... El fusil al hombro... Lo demás son ropas afeminadas..., la vergüenza de la especie. (*Mira a Javier detenidamente. Éste finge que se le han empañado las gafas y las limpia.*) Pero no basta con vestir este traje..., hay que merecerlo... Esto es lo que yo voy a conseguir de vosotros..., que alcancéis el grado de soldados, para que seáis capaces de morir como hombres. Un soldado no es más que un hombre que sabe morir, y vosotros vais a aprenderlo conmigo. Es lo único que os queda, morir como hombres. Y a eso enseñamos en el Ejército.

PEDRO. Cabo, había oído decir que en el Ejército se enseñaba a luchar... y a vencer, a pesar de todo.

CABO. Para luchar y vencer, antes es preciso renunciar a esta perra vida. Vosotros no habéis renunciado aún, ¿verdad? Todavía os queda un cochino resquicio de esperanza. No sois soldados. Sois el desecho, la basura, ya lo sé..., hombres que sólo quieren vivir y no se someten a una disciplina. ¡Indisciplinados y cobardes! Bien. Vais a tragar la disciplina del cabo Goban, la disciplina de un viejo legionario. Necesito una escuadra de soldados para la muerte. Los tendré. Los haré de vosotros. Los superiores saben lo que han hecho poniendo esta escuadra bajo mi mando. Voy a ir con vosotros hasta el final. Voy a morir con vosotros. Pero vais a llegar a la muerte limpios, en perfecto estado de revista. Y lo último que vais a oír en esta tierra es mi voz de mando. ¿Qué os parece la perspectiva?

ADOLFO. (*Con voz ronca.*) Cabo.

CABO. ¿Qué?

ADOLFO. (*Con una sonrisa burlona.*) Ya sé qué clase de tipo es usted. Usted es de los que creen que la guerra es hermosa, ¿a que sí?

CABO. (*Mira a Adolfo fijamente.*) Si a ti no te gusta trata de marcharte. A ver qué ocurre. (*Javier murmura algo entre dientes.*) ¿Dices algo tú?

JAVIER. No, es que... me he hecho daño en un dedo al meter el cierre.

CABO. Parece ser que eres "profesor". Tendrás teorías sobre este asunto y sobre todos, supongo. Explícanos tus delicadas teorías. Es hora de que oigamos algo divertido. ¡Vamos! ¡Habla!

JAVIER. (*Con nervios.*) Oiga usted, cabo, no tengo interés en hablar de nada, ¿me oye? Estoy aquí y le obedezco. ¿Qué más quiere?

CABO. (*Le corta.*) Eh, eh, cuidado. Menos humos. No tolero ese tono..., "profesor".

JAVIER. Perdóneme... Es que... estoy nervioso.

CABO. En efecto. El "profesor" es un hombre muy nervioso y, además, un perfecto miserable. Me parece que ya es hora de que vayamos conociéndonos.

(En este momento se abre la puerta y aparece Andrés: capote con el cuello subido, guantes y fusil. Se acerca al Cabo.)

ANDRÉS. A sus órdenes, cabo.

CABO. Siéntate.

ANDRÉS. Cabo, quería decirle que me ha parecido encontrar a Luis... en malas condiciones para hacer el relevo. Me temo que no se encuentre bien.

CABO. Deja eso. Ya lo he reconocido yo antes y no tiene nada. Ahí tienes tu coñac. (Andrés se quita el correaje y el capote. Se sienta y bebe ávidamente su coñac hasta la última gota.) Has llegado a tiempo de oír una bonita historia. Estamos hablando del "profesor".

JAVIER. Cállese de una vez. Déjeme en paz.

CABO. (Mira fijamente a Javier.) Desde el primer momento comprendí que no me iba a llevar muy bien contigo. No somos de la misma especie. Te odiaba desde antes de conocerte, desde que, hace una semana, me llamaron y tuve tu expediente en mis manos. Es curioso pensar que hace una semana no os conocíais ninguno. Pero yo os conocía ya a todos. Y vosotros ni siquiera podíais suponer mi existencia, ¿verdad? Sin embargo, ahora nada hay para vosotros más real que yo. (Ríe.)

ANDRÉS. ¿Que... le dieron nuestros expedientes?

CABO. Sí, vuestras agradables biografías. (Hay miradas de inquietud.) Soldado Javier Gadda. Procedente del Regimiento de Infantería número 15. Operaciones al sur del lago Negro, ¿no es verdad?

JAVIER. (Asiente.) Sí, de allí vengo. Era un infierno de metralla, algo... horrible.

(Se tapa los oídos.)

CABO. No te preocupes. Esto es otro infierno. Soldado Adolfo Lavín, 2.ª Compañía de Anticarros... En el Sur. ¿Te acuerdas?

ADOLFO. (*Sombrío.*) No lo he olvidado.

CABO. Andrés Jacob. Un bisoño. Del campo de instrucción de Lemberg a una escuadra de castigo. ¿Eres tú?

ANDRÉS. Sí, yo.

CABO. Soldado Pedro Recke. El río Kar... La ofensiva de invierno... Muchos prisioneros, ¿verdad?

PEDRO. Sí.

CABO. Tú sí eres soldado, Pedro... y te felicito. Si saliéramos de ésta, me gustaría volver a verte.

PEDRO. (*Serio.*) Gracias.

CABO. Si queréis saberlo, yo no estoy aquí para castigaros. Yo no soy otra cosa que un castigado más. No soy un santo. Si lo fuera, no estaría con vosotros.

(*Alguna risa fría.*)

PEDRO. (*Audazmente.*) Me dijeron que usted... había llegado a algo más en el Ejército. Quiero decir... que lo degradaron. Era sargento, ¿no?

CABO. ¿Quién te ha dicho eso? ¿Qué sabes tú de mí? Vamos, dilo.

PEDRO. Poca cosa.

CABO. Espero que no me dé vergüenza. Habla.

PEDRO. Me han dicho que tiene tres cruces negras.

ANDRÉS. ¿Cómo "tres cruces negras"? ¿Qué es eso?

PEDRO. Está claro. Que se ha cargado a tres. ¿Es cierto, cabo? (*El Cabo le mira fijamente.*) Cuando era sargento. Dos muertos en acciones de guerra y uno durante un período de instrucción. ¿Es cierto?

CABO. (*Después de un silencio.*) Sí. Maté a dos cobardes. A uno porque intentó huir. Esto fue en la guerra pasada. Ya en ésta se repitió la historia... Se negaba a saltar de la trinchera...

(*Javier baja la vista.*)

PEDRO. ¿Y el tercero?

CABO. (*Sombrío.*) Lo del tercero... fue un accidente.

PEDRO. ¿Un accidente?

CABO. ¡Sí!

(*Se levanta. Sombrío, recorre la habitación.*)

PEDRO. ¿Qué clase de accidente?

CABO. (*Se pasea.*) En instrucción, explicando el cuerpo a cuerpo, haciendo asalto a la bayoneta... Tuvo él la culpa... Era torpe, se puso nervioso..., no sabía ponerse en guardia...

PEDRO. ¿Lo mató? ¿Allí mismo... quedó muerto?

CABO. No me di cuenta de lo que hacía. El chico temblaba y estaba pálido. Me dio rabia. Lo tiré al suelo de un golpe, y ya no sé lo que me pasó. Tuve un ataque. Lo rematé yo mismo... allí. Lo cosí a bayonetazos. Me había enfurecido. Era torpe..., un muchacho pálido, con pecas... (*Cambia de tono.*), y ahora que lo recuerdo me parece que tenía... (*Tuerce la boca.*) una mirada triste...

(*Ha ido oscureciendo. Oscuro total.*)

CUADRO SEGUNDO

Vuelve la luz poco a poco. Es por la mañana.

(Luis está acostado. Javier, sentado junto a él. Pedro barre el suelo. Andrés se está afeitando frente a un espejito, junto a la ventana.)

JAVIER. No te preocupes, muchacho. Eso no será nada. Seguramente un poco de frío que has cogido... Te ha bajado la fiebre..., es buena señal...

PEDRO. *(Barriendo.)* Déjalo ahora. A ver si se duerme.

JAVIER. *(Se levanta.)* ¿Has oído cómo deliraba esta noche?

PEDRO. Sí. Pobre chico... Seguro que ha tenido cuarenta de fiebre... Qué cosas decía... *(Barre.)* Buen susto me llevé cuando fui a relevarle. Tumbado en el suelo... sin sentido.

ANDRÉS. *(Que está acabando de afeitarse.)* Ese hombre es un bruto. ¿Por qué le obligó a hacer la guardia si estaba malo? Y vosotros, ¿por qué le dejasteis ir?

PEDRO. Y tú, ¿por qué te viniste, viendo que no podía tenerse en pie? Habértelo traído.

ANDRÉS. Y dejar el puesto de guardia solo. Ese hombre hubiera sido capaz de matarme. Está loco. No conoce otra norma de conducta que las Ordenanzas

77

militares. Vete tú a hablarle de compasión y de amor al prójimo.

JAVIER. (*Que habla débilmente.*) Tiene razón Andrés. Toda su moral está escrita en los capítulos de las Ordenanzas del Ejército. Y si sólo fuera eso..., pero además es agresivo, hiriente. Anoche trató de burlarse de mí, contando lo que a nadie le importa. ¿Qué tiene él que decir de nosotros? ¿No os disteis cuenta? Parecía que nos amenazaba con contar lo que sabe de cada uno. Yo creo que a nadie le importa la vida de los demás.

(El enfermo dice algo que no llega a oírse.)

PEDRO. (*Se acerca.*) ¿Qué dices?

LUIS. (*Hace un esfuerzo.*) A mí no me importa decir por qué me trajeron a esta escuadra. Me negué a formar en un piquete de ejecución. Eso es todo. Yo no sirvo para matar a sangre fría. Lo llaman "insubordinación" o no sé qué. Me da igual. Volvería a negarme...

PEDRO. Bien, cállate. No te conviene hablar ahora. Te subiría la fiebre. Lo que tienes que hacer es descansar.

LUIS. Yo... he querido decir...

PEDRO. Te hemos entendido. Calla.

(Javier se ha levantado y está en pie, un poco apartado. Enciende un pitillo. Fuma. En pie. Inmóvil.)

ANDRÉS. (*Ha guardado los cacharros de afeitarse. Queda sentado en su petate.*) Mirándolo bien, es horrible lo que nos ha ocurrido a nosotros, por una cosa o por otra.

JAVIER. Sí.

ANDRÉS. Esto es una ratonera. No hay salida. No tenemos salvación.

JAVIER. Esa es (*Con una mueca.*) la verdad. Somos una escuadra de condenados a muerte.

ANDRÉS.   No, es algo peor..., de condenados a esperar la muerte. A los condenados a muerte los matan. Nosotros... estamos viviendo...

PEDRO.   Os advierto que hay muchas escuadras como ésta a lo largo del frente. No vayáis a creeros que estamos en una situación especial. Lo que nos pasa no tiene ninguna importancia. No hay nada de qué envanecerse. Esto es lo que llaman una "escuadra de seguridad"..., un cabo y cinco hombres como otros...

(Andrés no le oye.)

ANDRÉS.   Estamos (*Con un escalofrío.*) a cinco kilómetros de nuestra vanguardia, solos en este bosque. No creo que sea para tomarlo a broma. A mí me parece un castigo terrible. No tenemos otra misión que hacer estallar un campo de minas y morir, para que los buenos chicos de la primera línea se enteren y se dispongan a la defensa. Pero a nosotros, ¿qué nos importará ya esa defensa? Nosotros ya estaremos muertos.

PEDRO.   Ya está bien, ¿no? Pareces un pájaro de mal agüero. ← predicción   metáf.

ANDRÉS.   Si es la verdad, Pedro... Es la verdad... ¿Qué quieres que haga? ¿Que me ponga a cantar? Es imposible cerrar los ojos. Yo... yo tengo miedo... Ten en cuenta que... yo no he entrado en fuego aún... Va a ser la primera vez... y la última. No me puedo figurar lo que es un combate. Y... ¡es horrible!

PEDRO.   Un combate no es nada. Lo peor ya lo has pasado.

ANDRÉS.   ¿Qué es... lo peor?

PEDRO.   El campamento. La instrucción. Seis, siete horas marchando bajo el sol, cuando el sargento no tiene compasión de ti, ¡un! ¡dos!, ¡un! ¡dos!, y tú sólo pides tumbarte boca arriba como una bestia reventada. Pero no hay piedad. Izquierda, derecha, desplegarse, ¡un! ¡dos! Paso ligero, ¡un! ¡dos!, ¡un! ¡dos! Lo peor es eso. Largas marchas sin sentido. Caminos que no van a ninguna parte.

pero aquí, nada movimiento

ANDRÉS. (*Lentamente.*) Para mí lo peor es esta larga espera.

PEDRO. Cuatro días no es una larga espera, y ya no puedes soportarlo... Figúrate si esto dura días y días... A mí me parece que hay que reservarse, tener ánimo... por ahora... Ya veremos...

ANDRÉS. (*Nervioso.*) ¿No decían que la ofensiva era inminente? Yo ya me había hecho a la idea de morir, y no me importaba. "Nos liquidan y se acabó". Pero aquí parece que no hay guerra... El silencio... Sabemos que enfrente, detrás de los árboles, hay miles de soldados armados hasta los dientes y dispuestos a saltar sobre nosotros. ¿Quién sabe si ya nos han localizado y nos están perdonando la vida? Nos tienen bien seguros y se ríen de nosotros. Eso es lo que pasa, ¡cazados en la ratonera! Y queremos escuchar algo... y sólo hay el silencio... Es posible que meses y meses. ¿Quién podrá resistirlo?

JAVIER. (*Con voz grave.*) Dicen que son feroces y crueles..., pero no sabemos hasta qué punto... se nos escapa... Y eso que se nos escapa es lo que da más miedo. Sabemos que su mente está dispuesta de otra forma... y eso nos inquieta, porque no podemos medirlos, reducirlos a objetos, dominarlos en nuestra imaginación... sabemos que creen fanáticamente en su fuerza y en su verdad... Sabemos que nos creen corrompidos, enfermos, incapaces del más pequeño movimiento de fe y de esperanza. Vienen a extirparnos, a quemar nuestras raíces... Son capaces de todo. Pero, ¿de qué son capaces? ¿De qué? Si lo supiéramos puede que tuviéramos miedo..., pero es que yo no tengo miedo... es como angustia. No es lo peor morir en el combate... Lo que me aterra ahora es sobrevivir..., caer prisionero..., porque no puedo imaginarme cómo me matarían...

ANDRÉS. Sí, es verdad. Comprendo lo que quieres decir. Si tuviéramos enfrente soldados franceses... o alemanes... todo sería muy distinto. Los conocemos. Hemos visto sus películas. Hemos leído sus libros. Sabemos un poco de su idioma. Es distinto.

JAVIER. Es terrible esta gente..., este país... Estamos muy lejos...

PEDRO. Lejos, ¿de qué?

JAVIER. No sé... Lejos...

(Un silencio. Pedro, que ha mirado su reloj, se está poniendo el capote y el correaje. Coge el fusil.)

PEDRO. Hasta luego.

ANDRÉS. Hasta luego. *(Sale Pedro. Un silencio.)* ¿Qué hará el cabo?

JAVIER. Un largo paseo por el bosque... Vigilancia... O estará inspeccionando el campo de minas. No puede estarse quieto.

(Andrés saca cigarrillos. Ofrece a Javier. Fuman.)

ANDRÉS. *(Después de un silencio.)* Cuando anoche el cabo habló de nosotros, me di cuenta de que estabas muy pálido. *(Javier no se mueve.)* A mí tampoco me hizo mucha gracia. Es que... a nadie le importa, ¿verdad?, lo que uno ha hecho.

JAVIER. No. A nadie le importa.

ANDRÉS. Yo prefiero no meterme en la vida de los demás y que nadie se meta en la mía.

JAVIER. Yo también.

ANDRÉS. A un amigo se le puede contar todo, hasta un secreto, pero tiene que ser eso, un amigo.

JAVIER. Claro.

ANDRÉS. En la guerra, a mí me parece que es muy difícil hacer amigos. Nos volvemos demasiado egoístas, ¿verdad? Sólo pensamos en nosotros mismos, en salvar el pellejo, aunque sea a costa de los demás. Me refiero a la gente normal, quitando a los héroes.

JAVIER. *(Sonríe.)* Eso debíamos hacer, quitar a los héroes y no habría guerras.

(Andrés ríe.)

ANDRÉS. Los otros dicen que tú eres antipático y que te crees superior, pero yo no estoy de acuerdo. ¿Es cierto que has sido profesor de la Universidad?

JAVIER. Sí.

ANDRÉS. Profesor, ¿de qué?

JAVIER. De Metafísica. (*Andrés ríe.*) ¿De qué te ríes?

ANDRÉS. De eso. Me hace gracia. Profesor de Metafísica. Y ahora eres una porquería como yo, que no pasé del segundo curso. El hoyo común... para todos.

JAVIER. Sí, tiene mucha gracia.

ANDRÉS. No me gustaba estudiar, es decir, creo que me emborrachaba demasiado. Llegué a tener delirios. Yo no servía para estar en las aulas, ni para contestar seriamente a las estúpidas preguntas de los profesores. Hasta que mis padres se cansaron y entonces me fui de casa. Tenía veintiséis años y todavía iba por el segundo curso.

(*Ríe.*)

JAVIER. ¿Te fuiste de casa? ¿Y adónde?

ANDRÉS. (*Ríe.*) Fundé un hogar. Quiero decir que me junté con una chica. Yo no era capaz de ganar ni para comer, pero, naturalmente, seguí emborrachándome con los amigos. Riñas de madrugada, palos de los serenos, comisarías..., caídas, sangre..., lo normal... Me separé de mi mujer... y me quedé solo... Pude, por fin, beber sin dar cuentas a nadie..., sin que nadie sufriera por mí... (*Parece que se le han humedecido los ojos.*) Una historia vulgar, como ves. Lo único que me consuela es pensar que el trabajo que no hice, no hubiera servido de nada... Me hace gracia verte aquí, en esta horrible casa, con tu brillante carrera universitaria, siempre de codos sobre los libros, ¿no?, ¡y oposiciones! Una ejemplar historia que termina como la del golfo, la del borracho incorregible... incapaz de ganar su vida honesta y sencillamente. ¿Eh? Me parece que no ha merecido la pena, amigo.

JAVIER. Puede..., puede que no haya merecido la pena. Yo estudiaba porque tenía que sostener a mi madre y los estudios de mi hermano. Quería ver despejado el porvenir. Quería ganar dinero "honesta y sencillamente", como tú dices. Se habían sacrificado por mí y yo tenía la obligación de no defraudar a mi padre... ni el cariño y la confianza de mi madre...

ANDRÉS. ¿Qué era tu padre?

JAVIER. Empleado de un Banco. Soñaba para mí un porvenir digno y brillante. El pobre no llegó a verlo. Murió antes de que yo cobrara mi primer sueldo en la Universidad.

ANDRÉS. ¿Pero tú no veías que estabas trabajando para nada? ¿No te dabas cuenta de que "esto" tenía que llegar? Si se mascaba en el ambiente esta guerra..., la tercera gran guerra del siglo XX..., puede que la última guerra. Tantos libros y no te dabas cuenta de lo más importante.

JAVIER. No. No me daba cuenta. Yo estaba en la biblioteca. Allí no había tiempo. Las alarmas de los periódicos me parecían eso, periodismo. En el fondo, estaba convencido de que el mundo estaba sólidamente organizado, de que no iba a ocurrir nada y de que había que luchar por la vida. *(palabra)*

ANDRÉS. Yo no tenía esa impresión de solidez. A mí me parecía que vivíamos en un mundo que podía desvanecerse a cada instante. Me daba cuenta de que estábamos en un barco que se iba a pique. No merecía *meta.* la pena trabajar, y a mí me venía muy bien.

JAVIER. ¿Te dabas cuenta de todo, Andrés?

ANDRÉS. Por lo menos eso digo ahora. Me parece que, pensándolo, quedo justificado. A estas alturas uno siente la necesidad de justificarse. *(Se abre la puerta. Entra Adolfo. Viene renegando. Se quita el capote.)* ¿Qué te pasa?

ADOLFO. Estoy harto.

ANDRÉS. Alguna amable indicación del cabo, ¿no?

ADOLFO. Me ha doblado la imaginaria de esta noche.

ANDRÉS. ¿Por qué?

ADOLFO. Dice que me ha visto sentado en el puesto de guardia.

ANDRÉS. ¿Y no es verdad?

ADOLFO. Sí, ¿y qué? (*Se sienta.*) Además, es asqueroso... Nos espía... Vigila hasta nuestros más pequeños movimientos. Así no se puede vivir. Estoy harto. Ahora, mientras se alejaba, me han dado ganas de pegarle un tiro.

ANDRÉS. No creo que sea para tanto.

ADOLFO. Sí; pegarle un tiro..., acabar con él... Nos quedaríamos en paz. El poco tiempo que nos queda de vida podríamos pasarlo tranquilamente... Nadie se iba a enterar nunca... Y aunque llegaran a enterarse, a nosotros ya no nos importaba.

ANDRÉS. ¿Pero qué estás diciendo? ¿Te has vuelto loco?

ADOLFO. No. No estoy loco. Lo he pensado de verdad. A mí no me importa... he hecho cosas peores... Quiero vivir en paz, hacer lo que me dé la gana... Es... (*Ríe desagradablemente.*) mi última voluntad.

> (*Al ver la cara de los otros vuelve a reír. En este momento entra el Cabo. Hay en ellos un movimiento de inquietud. Rehuyen la mirada del Cabo.*)

CABO. ¿Qué os pasa? ¿De qué estabais hablando?

ANDRÉS. (*Después de una pausa.*) Adolfo nos ha contado una historia divertida..., pero a mí no me ha hecho mucha gracia. ¿Y a ti, Javier?

JAVIER. (*Mirando a Adolfo.*) No. A mí tampoco.

OSCURO

CUADRO TERCERO

(Sobre el oscuro, Javier enciende una cerilla y con ella una vela. Está inquieto. Se sienta en un petate. Se ve confusamente, durmiendo, al Cabo, a Luis, a Adolfo y a Andrés. Javier saca un cuadernito, lo pone en las piernas y escribe con un lápiz.)

JAVIER. "Yo, Javier Gadda, soldado de infantería, pido a quien encuentre mi cadáver haga llegar a mi madre, cuyo nombre y dirección escribo al pie de esta declaración, las circunstancias que sepa de mi muerte, dulcificándolas a ser posible en tal medida que, sin faltarse a la verdad, sea la noticia lo menos dura para ella; así como el lugar en que mis restos reposen. Han pasado ya quince días desde que ocupamos este puesto. La situación se está haciendo, de momento en momento, insoportable. La ofensiva no se produce y los nervios están a punto de saltar. Solamente el cabo permanece inalterable. Mantiene el horario de guardia y la disciplina. Nos levantamos a las seis de la mañana, no sé para qué. Seguimos un horario rígido de comidas y de servicio. Nos obliga a limpiar los equipos y la casa. Tenemos que afeitarnos diariamente y sacarle brillo a las armas y a las botas. Todo esto es estúpido en cualquier caso y más en el nuestro. Estos días me he

85

dado cuenta de la verdad. Parece que estamos quietos, encerrados en una casa; pero, en realidad, marchamos, andamos día tras día. Somos una escuadra hacia la muerte. Marchamos disciplinadamente, obedeciendo a la voz de un loco, el cabo Goban."

> (Se remueve Andrés. Enciende una cerilla y mira la hora en su reloj. Javier deja de escribir. Andrés bosteza. Se levanta penosamente, renegando. Ve a Javier.)

ANDRÉS. ¿Qué haces ahí?

JAVIER. Me he desvelado. Estoy escribiendo una carta.

ANDRÉS. ¿Una carta? ¿Para qué? Aquí no hay Correo. (Acaba de ponerse el capote. Coge el fusil.) La deliciosa hora del relevo...

> (Sale tambaleándose. Javier se pasa la mano por la frente. Vuelve a escribir.)

JAVIER. "El que encuentre este cuaderno sepa que he sido un cobarde. Esta es una historia que no me atrevo a contar a los otros. Cuando me llamaron de filas traté de emboscarme. Desde entonces tengo ficha de desertor en el Ejército. Luego he sabido ilustrar esa ficha con varios actos vergonzosos. En la instrucción no me atrevía a lanzar las bombas de mano. Luego, en acciones de guerra, he palidecido y he llorado cuando tenía que saltar de la trinchera. Pero lo que no puedo olvidar es que, un día, en una retirada, cuando hirieron a mi compañero y cayó a mi lado, oí que me decía: "Vete, vete, déjame"... ¡Como si yo hubiera pensado en quedarme...! ¡No! ¡Yo no había pensado en detenerme a su lado, en decirle: ¿Quieres algo para tu madre? ¿Qué digo a tu novia? ¡Yo huía, huía como un loco, frenético... y apenas volví un momento la cabeza para ver a mi compañero caído de bruces, herido de muerte!"

> (Alguien se remueve. Javier levanta la cabeza. Es el Cabo.)

Alfonso Sastre, en julio de 1973

Saludos después del estreno de *Escuadra hacia la muerte*, Teatro María Guerrero, 18 marzo 1953. De izquierda a derecha: Gustavo Pérez Puig (director), Miguel Ángel Gil (Cabo Goban), Juan José Menéndez (Andrés), Agustín González (Adolfo), Alfonso Sastre, Adolfo Marsillach (Javier), Fernando Guillén (Luis)

CABO. (*Entre sueños, agitadísimo.*) ¡Ha sido un accidente! ¡Ha sido un accidente! ¡Yo no he querido
hacerlo! ¡Ha sido un accidente!

(*Gime y da vueltas.*)

JAVIER. (*Vuelve a escribir.*) "El demonio del cabo
también tiene algo que olvidar. En realidad, todos estamos aquí con una culpa en el corazón y un remordimiento en la conciencia. Puede que éste sea el castigo
que nos merezcamos y que, en el momento de morir,
seamos una escuadra de hombres purificados y dignos."

LUIS. (*Desde su colchoneta.*) ¡Javier! ¡Javier!
JAVIER. (*Levanta la vista del cuaderno.*) ¿Qué hay?
LUIS. (*Se queja.*) Me encuentro muy mal.
JAVIER. ¿Quieres algo?
LUIS. No...
JAVIER. Pues trata de dormir.
LUIS. Es que... no puedo...

(*Da una vuelta y queda inmóvil. Javier vuelve
a fijar la vista en el cuaderno.*)

JAVIER. "A la hora del resumen me extraña el infame egoísmo que me hizo pensar en sobrevivir cuando
estalló la guerra. Si esta lucha es, como creo, un conflicto infame, yo también lo he sido tratando de eva-
dirme, aferrándome grotescamente a la vida, como si
yo fuera el único digno de vivir, mientras los demás
están dando su sangre, dando generosa y resignadamen-
te su sangre, limitándose a morir, sin pedir explicaciones,
con generosidad y desinterés. Esta es mi culpa. Este es
mi castigo. Ahora sólo deseo que haya una lucha, que
yo me extinga en ella y que mi espíritu se salve. (*Deja
de escribir un momento. Por fin.*) En el momento en
que voy a firmar esta declaración, pienso en mi madre.
Sé que ella estará despierta y llorando... De eso sí que
nadie puede consolarme en el mundo... Nadie puede
enjugar de mis ojos... el llanto de mi madre..."

(Se abre la puerta. Aparece Pedro. Viene de la guardia.)

PEDRO.   ¡El maldito Andrés! Creí que no llegaba. Me estaba helando de frío. *(Se sienta y se frota las manos.)* ¿Qué haces?

(Javier cierra el cuaderno.)

JAVIER.   *(Con voz insegura.)* Estaba… escribiendo una carta.

OSCURO

Carta con intento,
Sin destinación
con fatalismo
Connexiones distintas

CUADRO CUARTO

Empieza a amanecer.

(El Cabo está en pie. Pedro, Andrés y Adolfo se levantan de dormir. Luis se remueve. Javier no está.)

CABO. *(Sacude a Luis.)* ¡Arriba! ¡Ya está bien de enfermedad!

ADOLFO. *(Calzándose las botas.)* Tiene razón el cabo. Ayer no tenía fiebre.

PEDRO. *(Bosteza.)* Anímate, muchacho. Es mejor para ir haciendo fuerzas.

ADOLFO. *(Echando agua en una palangana.)* ¿Cuántas horas de guardia nos debes, Luis? Podías haberte guardado la enfermedad para otra ocasión. ¡Nos has fastidiado! Tengo un sueño espantoso. *(Luis se está levantando en silencio. El Cabo, mientras se lava, canturrea.)* Maldita sea. Esto es lo que peor aguanto. Levantarme a estas horas... y con este frío... y con este fondo musical...

(El Cabo no le oye. Luis se ha puesto, trabajosamente, las botas y se pone en pie. Vacila.)

PEDRO. ¿Qué tal?

89

¿porque nunca es mayúscula?

Luis. Parece que... bien... (*Echa a andar con ligeras vacilaciones. Llega hasta el Cabo. Se pone en firmes.*) A sus órdenes, cabo.

Cabo. (*Le mira de arriba a abajo.*) Eso está mejor. Lávate y te incorporas al servicio. Rige el horario anterior a tu enfermedad.

(*Pedro está echando leña en la chimenea y Adolfo prepara el café.*)

de tiempo normal

Pedro. ¡Uf! Vaya día. Me parece que para Navidad tendremos nieve.

Andrés. (*Que se ha levantado en silencio, malhumorado y en este momento se chapuza la cara.*) Hace mucho frío por las mañanas. Este frío me hace mucho mal. Luego voy entrando en reacción, pero a estas horas... ¡oh! (*Con un escalofrío.*), a estas horas... me parece que estoy enfermo. (*Pedro ríe.*) No es cosa de risa.

(*Pedro vuelve a reir.*)

Pedro. (*Enciende una cerilla y la aplica a la chimenea.*) Es cierto que hoy hace más frío. Adolfo, trae el café. Las galletas...

(*Adolfo y Pedro se han sentado junto a la chimenea. Luis se acerca a ellos.*)

Luis. Me encuentro muy bien. Un poco débil, pero bien.

Pedro. Siéntate aquí. (*Andrés tira la toalla al suelo y la pisotea.*) ¿Qué le pasa a ése?

Adolfo. Se habrá vuelto loco.

(*Andrés se ha ido hacia el Cabo.*)

Andrés. Cabo.

Cabo. ¿Qué hay?

Andrés. Cabo, tengo que decirle que esto me parece insoportable. No sé a qué viene levantarse a estas horas. No hay razón para obligarnos a... (*Miradas de inquietud en los otros.*) He pensado decírselo varias veces. No estoy de acuerdo con este absurdo horario. Es gana de martirizarnos. Yo no estoy dispuesto a plegarme a sus caprichos. ¿Lo entiende? Estoy harto de...

CABO. (*Fríamente.*) Bueno. Cállate ya.

ANDRÉS. No. No voy a callarme. He empezado a hablar y hablaré. Yo tengo frío a estas horas. Frío y sueño. ¿Por qué? Porque a un tipo con un miserable galón se le ocurre que tenemos que levantarnos a las seis de la madrugada. Estoy seguro de que los demás piensan lo mismo. ¿Verdad, muchachos? No hay razón para que nos haga...

(*El Cabo le coge del cuello de la guerrera.*)

CABO. (*Entre dientes.*) ¡Cállate, imbécil! ¡Cállate!

ANDRÉS. ¡Suélteme! ¡Estoy harto de su condenada...!

(*El Cabo le da un puñetazo en el estómago. Andrés gime y se dobla. Al inclinarse recibe otro en la cara y cae al suelo. El Cabo le pega una patada en el pecho. Andrés queda inmóvil. El Cabo se inclina, lo incorpora y vuelve a rechazarle contra el suelo.*)

PEDRO. (*Que se ha levantado. Sombrío.*) Cabo. Ya está bien.

(*El Cabo mira a Pedro, que le sostiene la mirada. Los otros se han levantado también.*)

CABO. (*A Adolfo.*) Dame el café.

(*Adolfo echa lentamente café en un cacharro y se lo alarga al Cabo. Este lo bebe. Coge el fusil y sale. Pausa.*)

ADOLFO. Ya lo veis... que es una bestia.

PEDRO. (*Que atiende a Andrés.*) Luis, trae agua. (*Luis se la lleva. Pedro se la echa a Andrés por la cara.*

Éste parece reanimarse. Se queja.) Le ha dado bien. Si no le ha roto una costilla, será un milagro.

ANDRÉS. (*Quejándose del lado derecho.*) Me ha dado un golpe de muerte... no habéis sido capaces de... impedir...

PEDRO.   Trata de levantarte.

> (*Andrés se levanta, ayudado. Anda, encogido, hacia su colchoneta. Una mano crispada sobre el costado. Se sienta.*)

ANDRÉS.   Ese... me las paga... Esta vez... no me va a ser preciso estar borracho para... cargarme a un hombre. La otra vez estaba borracho.

PEDRO.   ¿La otra vez? ¿Cuándo?

ANDRÉS.   Estoy aquí por haber matado a un sargento, ¿no lo sabíais? Si me cargo a este tipo no será la primera vez que me mancho las manos de sangre.

ADOLFO.   ¿Dónde fue?

ANDRÉS.   ¿Qué?

ADOLFO.   La muerte de ese sargento.

ANDRÉS.   En el campo de instrucción. Me emborraché en la cantina y volví a la compañía después de silencio. El idiota del sargento me provocó y le metí una puñalada sin sentirlo. Yo no tuve la culpa. No supe lo que hacía. Esta vez sí voy a saberlo. Yo no me meto con nadie, pero sé defenderme. Puede que me ponga nervioso, pero lo mato. Me ha coceado como una mula.

> (*Se lleva la mano a la boca y la retira aprensivamente. La mira pálido.*)

LUIS.   ¿Qué tienes?

ANDRÉS.   (*Con la voz estrangulada.*) Es sangre.

PEDRO.   (*Después de un penoso silencio.*) Es... es posible que no sea nada. No hay que preocuparse. Puede ser un derrame sin importancia. Lo más seguro...

LUIS.   Sí, chico, no te preocupes. La sangre es muy escandalosa. A veces es mejor echar sangre. Si el mal se te queda dentro es peor.

(Andrés se ha tumbado boca arriba.)

ANDRÉS. *(Débilmente.)* Dejadme. No me habléis de eso. Es preferible... no hablar... *(Tratando de aparecer sereno.)* No es nada. Y después de todo, ¿qué más da? Si vamos a morir me da igual llegar echando sangre por la boca. *(Intenta reír.)* Me acuerdo ahora, no sé por qué, de otros tiempos. Nunca me gustó meterme en líos. Yo he sido siempre de los que se van cuando el ambiente está un poco cargado. Me ha gustado el buen plan. ¿Y qué me ha ocurrido? *(Ríe.)* Pues que siempre me he visto en los peores líos..., me han dado navajazos..., he matado a un sargento... y estoy aquí... Es curioso, ¿verdad? Es... *(Tose.)* muy *(Tose.)* curioso.

(Sigue tosiendo mucho y se hace el

OSCURO.

CUADRO QUINTO

(Un proyector ilumina la figura de Javier, en la guardia. Capote con el cuello subido y fusil entre las manos enguantadas. Sus labios se entreabren y su voz suena, monótona:)

JAVIER. No se ve nada... sombras... De un momento a otro parece que el bosque puede animarse..., soldados..., disparos de fusiles y gritería..., muertos, seis muertos desfigurados, cosidos a bayonetazos..., es horrible... No, no es nada... Es la sombra del árbol que se mueve... Estas gafas ya no me sirven..., nunca podré hacerme otras... Esto se ha terminado. ¿Son pasos? Será Adolfo, que viene al relevo. Ya era hora. *(Grita.)* ¿Quién vive? *(Nadie contesta. El eco en el bosque.)* ¿Quién vive? *(El eco. Javier monta el fusil y mira, nervioso.)* No es nadie..., nadie... Me había parecido... Será el viento... No viene Adolfo. ¿Qué pasará? ¿Le habrá pasado algo? Puede que los hayan sorprendido en la casa. Yo no he oído nada, pero puede... Es posible que a estas horas esté yo solo, rodeado... Tengo miedo... Hay que pensar en otra cosa. Hay que pensar en otra cosa. Hay que pensar en otra cosa. Es Navidad. Sí, ha llegado el tiempo..., diciembre... Mamá estará sola. Mañana es la víspera de Navidad. Si me pongo a pensar en esto voy a llorar... No importa... Necesito

94

llorar... Me hará bien... Me he aguantado mucho...
Llorar... Estoy llorando... Hace mucho frío... Mamá
me ponía una bufanda, me decía que cerrara la boca
al salir... "No vayas a coger frío." Si supiera que estoy
muerto de frío... Este puesto de guardia... El viento
se le mete a uno hasta los huesos... ¿Por qué no viene
Adolfo? ¿Por qué no viene? Han pasado dos horas
y más. ¡Un, dos! ¡Un, dos! Una escuadra hacia la
muerte. ¡Un, dos! Lo éramos ya antes de estallar
la guerra. Una generación estúpidamente condenada al
matadero. Estudiábamos, nos afanábamos por las cosas, y ya estábamos encuadrados en una gigantesca escuadra hacia la muerte. Generaciones condenadas...
Hace frío... Esto no puede durar mucho... Estamos ya
muertos... No contamos para nadie... ¡Un, dos! Nos
despeñaremos perfectamente formados, uno a uno. Yo
no quiero caer prisionero. ¡No! ¡Prisionero, no! ¡Morir! ¡Yo prefiero... (*Con un sollozo sordo.*) morir!
¡Madre! ¡Madre! ¡Estoy aquí..., lejos! ¿No me oyes?
¡Madre! ¡Tengo miedo! ¡Estoy solo! ¡Estoy en un
bosque, muy lejos! ¡Somos seis, madre! ¡Estamos...
solos..., solos..., solos...!

> (*La voz, estrangulada, se pierde y resuena en
> el bosque. Javier no se ha movido desde la frase
> "No es nadie".*)

OSCURO

CUADRO SEXTO

(Se oye —sobre el oscuro— una canción de Navidad cantada con la boca cerrada por varios hombres. Se enciende la luz. Lámparas de petróleo. Hay en el centro de la escena un árbol de Navidad. A su alrededor, Andrés, Pedro, Adolfo y Javier. Están inmóviles murmurando la canción. Cuando terminan, Javier se va a su colchoneta, se sienta en ella y hunde la cabeza entre las manos.)

ADOLFO. ¿Qué le pasa a ése?

PEDRO. No sé. Verdaderamente... esta noche... *(Se retira él también.)* Le da a uno por pensar más que de costumbre. A mí me ha pasado. Me pone triste la Nochebuena. Me trae siempre recuerdos y...

(Acaba la frase ininteligiblemente.)

ANDRÉS. Piensas en la familia, ¿no?

PEDRO. Pienso... *(Hace una mueca dolorosa.)*, estaba pensando en mi mujer.

ANDRÉS. ¿Dónde está tu mujer?

PEDRO. Ni siquiera sé si vive... Yo trabajaba en Berlín últimamente. Soy tornero ajustador. Me pagaban bien. Cuando empezó la guerra, Berlín se convirtió en un infierno. Entraron en nuestra zona y hubo... algunos horrores. Yo estaba en Bélgica probando unas máquinas que nuestra fábrica iba a comprar... Cuando pude

96

volver me enteré de lo que había pasado... Encontré
que mi mujer... había sido... violentamente... (*Oculta
la cara entre las manos.*) Entré en la guerra para matar.
No me importaba nada una idea ni otra... Matar...

ADOLFO.   ¿Qué hiciste con aquellos prisioneros?

PEDRO.   No lo sé... Aullaban... Yo me reía como un
loco... Se me representaba la cara de mi mujer, llena
de espanto..., forzada..., y la emprendía con otro...
Había más de cien prisioneros para mí en aquel barra-
cón... Me calmó mucho... Ahora estoy mejor... Mucho
mejor...

(*Un silencio.*)

ANDRÉS.   Señores, esta noche voy a emborracharme.
Es Navidad.

PEDRO.   (*Levanta la cabeza.*) ¿Qué vas a hacer?

ANDRÉS.   Tomarme una copa.

PEDRO.   Tienes razón. Podemos pedir permiso al cabo
y celebrar la Nochebuena. Va a ser lo mejor.

ADOLFO.   ¡Pedirle permiso! ¿Para qué? No nos lo
iba a dar.

PEDRO.   Es posible que si se le dice...

ADOLFO.   ¡Qué va...! "El alcohol es enemigo de la
disciplina", y todo eso. Andrés, si quieres tomarte una
copa, tómatela. Yo te acompaño. El que tenga miedo
que se dedique a la contemplación. Vamos.

PEDRO.   Un momento. Estoy dispuesto a tomarme
una copa, pero antes hay que pensar qué vamos a decirle al cabo.

ANDRÉS.   Al cabo se le dice... (*Se ha echado en su
vaso y lo bebe.*) que teníamos sed. Toma. (*Adolfo alarga el vaso y bebe largamente.*) Está bueno, ¿eh?

ADOLFO.   Está buenísimo.

PEDRO.   Bien... Si os acompaño es por no dejaros
solos frente al cabo. Que conste. Trae.

ANDRÉS.   Aquí tienes. (*Llenan los tres vasos.*) Eh,
tú, Javier, ¿quieres brindar con nosotros?

JAVIER.   (*Se encoge de hombros.*) Bueno...

(Se levanta y se acerca. Le echan coñac.)

Andrés. Creo que debemos dar a esta celebración un carácter religioso. Dios nos libre de todo mal en el nombre del Padre, del Hijo y del Espíritu Santo.

Todos. Amén.

Andrés. Venga... a beber... (*Beben, menos Pedro, que no se decide.*) Vamos, Pedro. ¿Es que no nos merecemos esta pequeña diversión?

Pedro. ¡Sea lo que Dios quiera! (*Beben. Andrés vuelve a echarles coñac y ahora beben en silencio. Adolfo, de pronto, se echa a reir. Ríe prolongadamente y contagia la risa a los demás. Se encuentran, de pronto, riendo, por primera vez. Parece como si se vieran de un modo distinto, como si todo lo anterior hubiera sido un mal sueño. Se calman.*) Pero, ¿de qué te reías?

Adolfo. De nada... Es que de pronto me he dado cuenta... ¡de que no se está mal del todo aquí! De modo que... échanos otro trago.

(Beben.)

Andrés. (*Por Adolfo.*) Es un buen camarada, ¿eh? (*Los otros asienten.*) Un compañero... como hay que ser...

Pedro. (*Que de pronto ha quedado taciturno.*) A mí no me parece un buen camarada.

(Durante el siguiente diálogo continúa el juego de la bebida.)

Andrés. ¿Por qué?

Adolfo. Tiene razón éste. ¡Yo qué voy a ser un buen camarada!

Pedro. (*A Adolfo.*) No debiste contármelo el otro día. Tú me eras simpático... antes.

Adolfo. Muchachos, Pedro se refiere a mi "turbio pasado". Si es que queréis saberlo, yo...

Andrés. (*Le interrumpe.*) Tu turbio pasado me importa un bledo. Déjanos en paz.

ADOLFO.   No soy un buen compañero... ni me importa... Dejé a la unidad sin pan y me quedé tan tranquilo. Le di salida a la harina...

(Ríe.)

PEDRO.   Vendió el pan de sus camaradas.

ADOLFO.   No, no..., un momento... El jefe del negocio era un brigada... Yo actué de intermediario, de ayudante... El brigada tenía poca práctica y tuve que explicarle... Fue una pena... Hubo defectos de organización. Cuando vi que la cosa se ponía mal lo denuncié. A él lo fusilaron y a mí me trajeron aquí. Bueno, y ahora... dadme de beber...

PEDRO.   Toma. Emborráchate. Eres de la raza de los que especulan con el hambre del pueblo, miserable.

(Está bebido.)

ADOLFO.   *(Bebe.)* No... No me trates así...

PEDRO.   Puerco...

ANDRÉS.   Deja al muchacho, hombre. Déjalo.

PEDRO.   ¿A qué te dedicabas antes de estallar la guerra? ¡Negocios!, dices tú. ¿A qué llamas negocios? Tú eres uno de los responsables de que estemos aquí, tú... con tus negocios. Eres capaz de todo... Los soldados sin pan, pero ¿a ti qué te importa? ¡Que revienten! ¿No es eso? ¡Que revienten! Nosotros, todos, somos hombres dignos, incluso el cabo..., pero tú... tú eres un miserable.

(Trata de pegarle. Javier y Andrés lo sujetan.)

ANDRÉS.   Basta ya... Estamos celebrando la Nochebuena... Estás metiendo la pata, Pedro... Lo estás estropeando todo...

PEDRO.   Bueno..., pues perdonadme... No había sido mi intención molestaros... Me he enfadado de pronto... no sé por qué... *(Trata de andar y se tambalea.)* ¡Estoy borracho! No he bebido casi y ya estoy... borracho.

Adolfo, ¿me perdonas? He sido un bruto. Lo retiro todo. ¿Qué quieres que haga... para que me perdones?
ADOLFO.   Nada... Si tienes razón tú...

(Se abrazan.)

ANDRÉS.   Bravo. Esto ya es otra cosa. Javier, ¿qué te ocurre a ti?
JAVIER.   Nada. *(Ríe.)* Estoy bien.
ANDRÉS.   Tienes los ojos húmedos.
JAVIER.   No es nada.

(Ríe.)

ANDRÉS.   Sólo nos faltan..., escuchadme..., Sólo faltan las chicas. *(Se produce un silencio. Quedan inmóviles. Andrés trata de continuar.)* Cuatro... cuatro chicas, ¿verdad? *(Nadie dice nada.)* No están. *(Un silencio.)* Estamos solos.
PEDRO.   Déjalo, ¿quieres? Déjalo...
ANDRÉS.   *(Se sienta.)* Es... una hermosa noche, ¿verdad?

(Nadie responde. Adolfo se levanta.)

ADOLFO.   Bueno... Vamos a hacer... el último brindis...

> *(Pero queda clavado a mitad de camino. Se ha abierto la puerta y ha aparecido el Cabo, con el fusil en bandolera. De una mirada abarca la escena y avanza al centro, sombrío. Hay un ligero movimiento de retroceso en todos.)*

CABO.   ¿Qué pasa aquí?
PEDRO.   *(Avanza un paso vacilante. Habla con seguridad.)* Nada.
CABO.   Adolfo, acércate.

(Se está quitando el fusil de la bandolera.)

ADOLFO.   *(Se acerca. Está lívido.)* A sus órdenes.

CABO. Estáis borrachos.

ADOLFO. Crea que... no...

CABO. No puedes ni hablar. Mujerzuelas... indignos de vestir el uniforme. Os merecéis que os escupan en la cara..., también os gustaría...

PEDRO. Cabo, habíamos pensado celebrar...

ANDRÉS. Sí, eso... Felices Pascuas, cabo. No se enfade hoy. Es día de perdón y de... alegría... Paz en la tierra... y gloria a Dios en las alturas... Todo eso... Celebremos la Nochebuena. "Perdónenos nuestras deudas, así como nosotros...", etcétera, etcétera.

ADOLFO. (*Sonriendo cínicamente.*) Es una noche que la Religión manda celebrar, cabo.

ANDRÉS. Le perdono su patada del otro día si hoy nos alegramos. ¿Eh? De acuerdo.

(*Va hacia el barrilito.*)

CABO. Estate quieto, Andrés. No te acerques al barril.

(*La voz ha sonado amenazadora. Andrés se detiene.*)

ANDRÉS. Le suplico si quiere... Le suplico...

CABO. Basta. Fuera de ahí.

ADOLFO. No hay nada que suplicar, Andrés. Esto se ha terminado. ¿Queréis beber?

ANDRÉS. Yo sí.

PEDRO. Sí, desde luego.

JAVIER. (*Apoya la actitud de los otros.*) Sí.

(*Adolfo se acerca al barrilito.*)

CABO. Adolfo, lárgate. Te la estás jugando. (*Se aproxima a Adolfo. El Cabo tiene el fusil empuñado por el guardamontes y la garganta. Adolfo echa coñac. El Cabo le pega un culatazo en la clavícula y lo arroja al suelo. A los otros, amenazador:*) Desde ahora va de verdad. Tú, levántate. No ha sido nada.

(*Adolfo se levanta penosamente. Empuña el machete. Al tratar de lanzarse sobre el Cabo pierde*

*el sentido y rueda por los suelos. Pedro, entonces,
saca su machete. Inmediatamente, Andrés. Javier,
al ver a sus compañeros, saca el suyo. El Cabo
queda acorralado en la pared. Nadie se mueve.)*

PEDRO.   No ha debido usted hacerlo, cabo. No había
motivos. Queríamos celebrar la Navidad.

ANDRÉS.   Ha sido un error. (*Avanza un paso. Los
otros dos, también.*) Ya no podríamos vivir con usted.

CABO.   (*Gravemente.*) Fuera de la casa. Hay que cor-
tar leña. Pronto. (*A Javier.*) Tú, al relevo. Es tu hora.

(Javier no se mueve.)

ANDRÉS.   El relevo tendrá que esperar.

CABO.   Javier, ¿lo estás oyendo? Al puesto de guardia.

ANDRÉS.   No te vayas, Javier. Quédate a la función.
El cabo Goban no se da cuenta de que estamos borrachos. Estamos completamente borrachos.

*(Ríe imbécilmente. El Cabo, sin hacer el menor
ademán de nerviosismo, monta el fusil y avanza,
de espaldas al público, hacia la puerta. Ellos no
se mueven. Al llegar a la altura de Andrés, éste se
arroja sobre él y le da un machetazo en la cara.
El Cabo se lleva la mano al rostro. El fusil rueda
por los suelos. El Cabo, ciego del machetazo, trata
de empuñar con la mano derecha el cuchillo que
lleva al cinto. Ya lo tiene. Pero Adolfo, que se
ha incorporado, le da un terrible machetazo en
la cabeza. El Cabo vacila, pero no cae. Pedro,
Javier y Andrés le golpean. El Cabo se derrumba
poco a poco. Cae de rodillas y después de bruces.
Se quedan un momento mirándolo.)*

ANDRÉS.   (*Como con estupor.*) Está muerto.

PEDRO.   (*Se inclina sobre él. Levanta la cabeza. Con
un gesto torcido.*) Sí.

*(Javier mira, con angustia, el machete que toda-
vía tiene en la mano, mientras cae el*

TELÓN

PARTE SEGUNDA

CUADRO SÉPTIMO

*(Es por la mañana. La casa está a oscuras.
Fuera de la casa, en la explanada, Andrés, Pedro,
Luis y Javier. Pedro y Javier, apoyados en sendos
picos, viendo cómo Andrés y Luis echan tierra
con las palas sobre el hoyo en que está el cadáver
del Cabo. Andrés echa la última paletada y se
retira hacia la casa. Pedro y Javier le siguen can-
sinamente.)*

LUIS.   Yo no quiero decir nada, pero a mí me parece que... *(Pedro se para y le escucha.)* que un hombre no debe ser enterrado como un perro.

PEDRO.   ¿Qué quieres que hagamos?

LUIS.   Pienso que... una oración...

PEDRO.   Sí, es verdad.

ANDRÉS.   ¿Para qué? Si lo hemos mandado al infierno, ya no hay remedio.

JAVIER.   Sí, una oración. Aunque no sirva para nada.
Dila, Luis. Yo no me iba tranquilo, dejándolo ahí, sin
una palabra. Un hombre es un hombre.

LUIS.   *(Se quita el casco.)* Te rogamos, Señor, acojas
el alma del cabo Goban, y que encuentre por fin la
paz que en la vida no tuvo. No era un mal hombre,
Señor, y nosotros tampoco, aunque no hayamos sabido
amarnos. Que su alma y las nuestras se salven por tu

103

misericordia y por los méritos de Nuestro Señor Jesucristo. Apiádate de nosotros. Amén.

TODOS. (*Que han ido descubriéndose.*) Amén.

ANDRÉS. Bueno, ya está. Vamos.

(Se van retirando.)

JAVIER. (*A Luis.*) Está bien que hayas dicho todo eso. Consuela un poco...

(Va hacia la casa. En este momento están entrando en ella Pedro y Andrés. Se enciende la débil luz solar en el interior. Allí está Adolfo, semitumbado.)

ADOLFO. ¿Ya?

PEDRO. Sí.

ADOLFO. Uf..., por fin... Esta noche se me ha hecho una eternidad. No podía dormir con ese hombre tendido ahí, en la explanada, sin darle la tierra... Era como si no hubiera acabado de morir.

ANDRÉS. Cualquiera salía a cavar un hoyo anoche. Vaya viento... y la lluvia... Una noche que daba respeto... El cadáver ahí, lloviéndole encima... Menos mal que ha amanecido un día tranquilo.

(Entra Javier en la casa. Se sienta, aislado.)

ADOLFO. Un día tranquilo, por fin. Muerto el perro, se acabó la rabia. Es lo que se hace con un perro rabioso, matarlo. Y éste era un mal bicho. Ayer hubiera sido capaz de matarme, de rematarme. (*Escupe.*) Era un mal bicho.

PEDRO. Cállate. Déjanos en paz.

ADOLFO. ¿Qué os pasa?

PEDRO. ¡Nada!

(Andrés bosteza.)

ANDRÉS. Yo tampoco he podido dormir. Estoy muy cansado.

(Se tumba. Pausa.)

JAVIER. ¿Y qué vamos a hacer ahora?

PEDRO. No hay nada que hacer. Esperar, como si no hubiera pasado nada.

ANDRÉS. ¡Como si no hubiera pasado nada! ¡Y nos hemos cerrado la última salida! *(Entra Luis. Se queda en la puerta, como temiendo entrar en la conversación de los otros.)* Después de lo que ha ocurrido, me doy cuenta de que podía haber pasado el tiempo y la ofensiva sin llegar... y en febrero es posible que nos hubieran retirado de este puesto... y que nos hubieran perdonado... El castigo cumplido... y a nuestras unidades, a seguir el riesgo común de los otros compañeros... Todo esto lo he pensado, de pronto, ahora que ya no hay remedio. La última salida ha sido cerrada. Si no hay ofensiva, hay Consejo de Guerra.

ADOLFO. ¿Consejo de Guerra? ¿Por qué? Si hay suerte y continúa hasta febrero la calma del frente, nadie tiene por qué enterarse de lo que ha pasado aquí. Al enlace se le dice que el cabo murió de un ataque al corazón.

ANDRÉS. Cuando muere el cabo de una escuadra de castigo, en seguida se piensa que no ha muerto de muerte natural y se investiga. Se interroga hábilmente a los castigados y se busca el cuerpo... Desenterrarían el cadáver y... *(Con un gesto torvo.)* el cráneo roto...

ADOLFO. Entonces, una caída... O desapareció...

ANDRÉS. Sí, ¡se esfumó en el aire!

ADOLFO. Fue de observación y seguramente lo atraparon. Estará prisionero o quién sabe..., muerto...

PEDRO. *(Que ha asistido calladamente a este diálogo. Se levanta.)* No te canses, Adolfo. Si llegamos a febrero, habrá Consejo de Guerra. Eso os lo aseguro yo, desde ahora.

ADOLFO. ¿Por qué?

PEDRO. Bah... Todavía es pronto para preocuparse de eso. Son cosas mías..., ideas que uno tiene. Por otra parte, lo más seguro es que no lleguemos a febrero.

Nos quedan cuarenta días de puesto. Y si ha de haber ofensiva, Dios quiera que empiece dentro de estos cuarenta días.

ADOLFO.   ¿Te has vuelto loco?

PEDRO.   Ya lo veremos. Por el momento, si os parece, sigue rigiendo el mismo horario de siempre.

ADOLFO.   Pedro, aquí ha muerto un hombre y ese hombre era el cabo, y si piensas que todo va a continuar igual, te equivocas. Yo hago lo que quiero y en mí no manda nadie. Se acabaron las órdenes y los horarios. Se acabaron, al menos para mí, las guardias, y la noche, desde ahora, es para dormir.

PEDRO.   Te estás equivocando, Adolfo. Esta escuadra sigue en su puesto. Y si no estás de acuerdo, trata de marcharte.

ADOLFO.   ¿Oís, chicos? Hay un nuevo cabo. Se ha nombrado él. (*Ríe. De pronto, serio.*) Escucha, Pedro. Si quieres seguir la suerte del otro continúa así.

PEDRO.   ¿Me amenazas?

ADOLFO.   Te aviso.

PEDRO.   Pues ya sabes cómo pienso. Y si hay que vernos las caras, nos las veremos. Soy el soldado más antiguo y tomo el mando de la escuadra. ¿Hay algo que oponer?

ANDRÉS.   Por mí..., como si quieres tomar el mando de la división.

JAVIER.   A mí me da igual.

LUIS.   No, Pedro. Yo no tengo nada que oponer.

PEDRO.   (*A Adolfo.*) Ya lo oyes.

ADOLFO.   Si te pones así, es posible que decida hacer una excursión.

PEDRO.   ¿Cómo "una excursión"?

ADOLFO.   Un largo paseo por el bosque.

PEDRO.   ¿Adónde quieres ir?

ADOLFO.   No lo sé aún.

PEDRO.   ¿Entonces?

ADOLFO.   Si me encuentro incómodo aquí...

PEDRO.   No se te habrá ocurrido...

ADOLFO.   ¿Qué?

PEDRO. ¡Pasarte!

ADOLFO. ¡Yo no he dicho eso! He dicho "una excursión".

PEDRO. Oye, Adolfo. Que no se te ocurra abandonar el puesto, ¿lo oyes? Que no se te ocurra. Por desgracia, uno tiene ya las manos manchadas de sangre y lo más fácil es que un muerto más no se me note en estas manos ni que me vayan a temblar por eso.

ADOLFO. Ahora eres tú quien me amenaza.

PEDRO. No. Me defiendo.

(Un silencio.)

ADOLFO. Está bien. ¿Sabes lo que pienso, tú? Que somos dos imbéciles. Si tenemos distintos puntos de vista, no hay que enfadarse, ¿verdad?, sino tratar de conciliarlos y llegar a un acuerdo como buenos amigos. ¿Eh, Pedro?

PEDRO. Sí. *(Transición.)* No sé si me comprendéis. Lo que yo no quisiera es que, por este camino, llegáramos a degenerar y a convertirnos en un miserable grupo de asesinos. Se es un degenerado cuando ya no hay nada que intentar, cuando uno ya no puede hacer nada útil por los demás. Pero a nosotros se nos ofrece una estupenda posibilidad: cumplir una misión. Y la cumpliremos. Yo no quiero que acabemos siendo una banda de forajidos. Yo no soy un delincuente..., y menos un asesino... Ni vosotros... No hemos conseguido ser felices en la vida..., eso es todo.

LUIS. *(Por primera vez, habla.)* Es horrible que haya ocurrido todo esto, ¿verdad? Hay que contar con ello, pero... es horrible... Era preferible sufrir las impertinencias del cabo, a tener que pensar en esta muerte.

ANDRÉS. Tú no tienes que pensar en nada, Luis. Ni siquiera tienes que meterte en nuestra conversación. Déjanos a nosotros. Tú no tienes nada que ver con lo que aquí ha pasado.

LUIS. No. Eso no. Yo soy uno de tantos, Andrés. Yo estoy con vosotros para todo.

ANDRÉS. Es inútil. Por mucho que quieras, tú ya no puedes ser uno de tantos. Tú no estabas en la casa. Tú no sacaste tu machete. Tú no sentiste ese estremecimiento que se siente cuando se mata a un hombre...

LUIS. No... Pero yo hubiera bebido con vosotros. Yo hubiera empuñado el machete y le hubiera pegado como vosotros, de haber estado aquí.

ANDRÉS. No sé. Eso no puede ni pensarse.

LUIS. Yo soy un buen compañero.

ANDRÉS. Sí, claro.

LUIS. Yo te aseguro...

ANDRÉS. No te preocupes. Si no hay que preocuparse...

LUIS. Yo no tengo la culpa de que me tocara la guardia a esa hora.

ANDRÉS. Claro. Si nadie te dice nada.

LUIS. No quieres creerme.

ANDRÉS. Te equivocas. Te creo.

> (Se levanta y deja a Luis solo. Pedro ha empezado a canturrear algo.)

ADOLFO. (Se tapa los oídos.) Pedro, ¿quieres callarte?

PEDRO. ¿Qué te pasa? ¿Es que no puede uno cantar?

ADOLFO. No... Canta lo que quieras... Pero es que ésa... es la canción que cantaba a veces el cabo Goban. Y no me gusta escucharla.

OSCURO.

CUADRO OCTAVO [4]

*(Todos menos Pedro. Sucios, sin afeitar y tira-
dos por los suelos. Adolfo se remueve.)*

ADOLFO.   ¿Sabéis lo que estoy pensando? Que ya es
demasiado y que así no podemos seguir... Días y días,

[4] Las muchas correcciones y cambios que se encuentran en
el manuscrito a partir de aquí evidencian una marcada vacilación del autor en trazar el desarrollo de la obra hasta su desenlace, y confirman la declaración de Sastre de que se había
lanzado a escribir la obra sin saber cómo iba a terminar ni qué
iba a pasar después del asesinato del Cabo (ver *Obras completas*, pp. 157-158). Al comienzo del cuadro VIII figuran dos versiones que habían de descartarse:
   (1) "Sobre el oscuro se oye la voz de Adolfo, que grita:
'¡No puedo más! ¡No puedo más!' Se enciende la luz. Están los cinco en escena. Acaban de comer y están tumbados.
Fuman. Están sucios, sin afeitar, y la casa aparece descui-
dada, en desorden. Adolfo está de pie."
   (2) "En el oscuro, sobre pantalla en primer término, pe-
lícula: primer plano del cabo Ruiz, cuya imagen está como
deformada, como reflejada en un espejo curvo. [Sigue, hablado por el Cabo, el largo parlamento que actualmente
aparece en el cuadro I: 'Este es mi verdadero traje...' Luego:] Se oye la risa nerviosa de Javier. Sollozos y gemidos
de un hombre que tiene una pesadilla y no puede dormir."
La segunda versión es de interés especial para comprender el
desarrollo artístico de Sastre. Sin duda Sastre hizo bien en su-
primir esta escena, cuyos efectos cinematográficos y expresionis-
tas hubieran estado fuera de lugar en un drama tan escueto
como *Escuadra hacia la muerte*. Sin embargo, esta escena des-
cartada revela el interés que ya en 1952 sentía Sastre por técnicas escénicas que luego ocuparían un lugar centralísimo en su
teatro a partir de 1965: la proyección cinematográfica y la de
formación esperpéntica.

tumbados por los suelos, revolcándonos como cerdos en
la inmundicia... ¿Por qué no hacemos algo? Una expedición o algo parecido... Una patrulla de reconoci-
miento..., algo...

ANDRÉS. ¿Y adónde vamos a ir?

ADOLFO. A cualquier parte. Es lo mismo. A cualquier parte. Esto es insano.

ANDRÉS. Yo ya no puedo ni dormir. Me parece que
no puedo hacer otra cosa que dormir. Y me muero de
sueño. Y no consigo dormir. Es terrible.

ADOLFO. Estás muy pálido. Y tienes los ojos hun-
didos.

ANDRÉS. A estas horas me da un poco de fiebre.

ADOLFO. (Se levanta y va a la ventana.) ¿A cuántos
estamos? ¿Lo sabéis?

LUIS. A diez de enero.

ADOLFO. Me parece que ha pasado mucho más tiempo. (Una pausa.) Anoche creí oír disparos a lo lejos, y
me gustaba. Me puse a escuchar para ver si era cierto...,
queriendo que lo fuera. Porque significaba que hay más
gente que nosotros en el mundo.

LUIS. A mí también me pareció oír disparos.

ANDRÉS. Yo no oí nada.

ADOLFO. Seguramente fue una ilusión. El viento en
los árboles... Por la noche es como si todo el bosque
estuviera habitado... Se oyen ruidos... Al principio me
ponían la carne de gallina, pero ya no... Uno va su-
perándose... (Suena el timbre sordo del teléfono de
campaña.) Javier, ¿quiere usted coger el teléfono, por
favor? No tiene más que alargar la mano, mientras que
para nosotros representa un gran esfuerzo. (Parece
que Javier no oye. El timbre sigue sonando.) El aparato,
Javier. Es un favor que te pedimos. Con seguridad es
nuestro querido amigo Pedro que tiene algo pensado
para esta noche. Una buena juerga... Vino y mujeres.
Ya sabéis cómo es Pedro, chicos.

(Javier ha escuchado las últimas palabras de
Adolfo y coge, con desgana, el aparato.)

Escuadra hacia la muerte. De izquierda a derecha:
Adolfo Marsillach (Javier), Miguel Ángel Gil (Cabo),
Félix Navarro (Pedro)

PERSONAS DEL DRAMA
por orden de aparición

1- Soldado Adolfo Reyes
2- Soldado Pedro López
3- Soldado Luis García
4- Cabo Ruíz
5- Soldado Javier Romero
6- Soldado Andrés González

La acción, en la casa de un guardabosques. Tercera Guerra Mundial.

Empezado en Madrid y diciembre de 1951

Lista de personajes del manuscrito original de *Escuadra hacia la muerte*. Nótese los apellidos hispánicos que luego se cambiaron por los no hispánicos cuando la obra se preparaba para su estreno en Madrid. (Autógrafo de Alfonso Sastre)

JAVIER.   ¡Di, Pedro! ¿Cómo? Sí... (*De pronto, trému-lo, su mano se crispa en el aparato.*) Sí, entiendo... Bien... (*Pausa.*) Iré repitiendo tus palabras... (*Pausa.*) Se divisa a lo lejos un grupo enemigo... (*Pausa.*) Pro-bablemente una compañía... (*Pausa.*) Exploradores... (*Pausa.*) Es posible que sea la vanguardia de la ofensi-va... (*Pausa.*) Atención a las instrucciones... Tú te que-darás en el puesto... (*Pausa.*) En el momento preciso darás la señal para volar el campo... (*Pausa.*) Adolfo en la batería... (*Pausa.*) En cuanto estalle el campo sa-limos todos... cada uno a su posición... (*Pausa. Con una leve sonrisa.*) Hay que vender caras nuestras vidas... (*Adolfo se ha situado junto al dispositivo de la batería. Luis y Andrés han cogido nerviosamente las armas y forman grupo alrededor del teléfono.*) De acuerdo... Quedamos a la espera de tu señal... (*Se pasa la mano por la frente y tiene una ligera vacilación. Luis va a sujetarlo.*) No es nada, gracias... No es nada.

(*Queda a la escucha. Una pausa dramática.*)

ANDRÉS.   ¿Se ha callado? (*Javier hace un gesto de que sí.*) ¿Y qué hay que hacer? ¿Esperar?

ADOLFO.   Claro. (*A Javier.*) En cuanto Pedro dé la señal, dices "ya", hago contacto y salimos todos a la trinchera. ¿De acuerdo? (*Patéticos gestos de asenti-miento.*) ¿No se oye nada?

JAVIER.   (*A la escucha.*) No.

ANDRÉS.   Habla tú. Pregúntale a Pedro.

JAVIER.   Pedro, ¿qué hay? ¿Siguen avanzando? ¿Se ven más? (*Escucha.*) No contesta.

ANDRÉS.   Insiste.

JAVIER.   ¡Pedro! ¿Ocurre algo? ¿Por qué no hablas? ¿Estás ahí? (*Silencio.*) Nada...

ANDRÉS.   (*Mira a todos con aprensión.*) ¿Por qué será?

ADOLFO.   Es raro... O será que ha dejado el aparato un momento.

ANDRÉS.   ¿No le habrán sorprendido?

(Un grave silencio.)

ADOLFO.   No creo...

ANDRÉS.   Si le han sorprendido, pueden estar viniendo hacia aquí y no nos daremos cuenta hasta que no los tengamos encima.

ADOLFO.   Cállate. Espera.

ANDRÉS.   ¡No podemos estarnos aquí, cruzados de brazos! ¡Hay que hacer algo!

(Se ha levantado.)

ADOLFO.   *(Con voz sorda.)* Estate quieto.

ANDRÉS.   ¡Es mejor que vayamos a la trinchera! ¡Se nos van a echar encima, Adolfo! ¡No podemos estarnos aquí!

ADOLFO.   Quieto. Cálmate. Son los nervios. Hay que dominar los nervios. No pasa nada, ¿ves? Espera...

ANDRÉS.   *(Se retuerce las manos. Gime.)* ¡No puedo esperar!

(Queda sentado y encogido, tratando de dominar los nervios. No lo consigue. Larga pausa. Todos miran el rostro de Javier, que ahora está imperturbable. De pronto:)

JAVIER.   ¿Qué hay, Pedro? *(Escucha. Andrés mira ansiosamente a Javier.)* Una compañía, sí... Se ha desviado... No venía nadie detrás... Una falsa alarma... Hasta luego...

OSCURO.

CUADRO NOVENO [5]

(Los cinco están acabando de comer, menos Javier, que está tumbado en silencio.)

ADOLFO. *'(Que come el último bocado.)* ¿Tenéis tabaco?

PEDRO. *(Le da uno.)* El último paquete.

(Se lo guarda.)

ANDRÉS. La galleta está dura y apenas quedan conservas ni agua. Dentro de unos días no podremos vivir por nuestra cuenta.

PEDRO. Economizando tenemos para una semana. Es decir, hasta febrero. Lo demás no depende de nosotros. No hay por qué preocuparse.

ADOLFO. *(Fumando.)* Bien, parece que la cosa va a terminar mejor de lo que suponíamos. *(Ríe.)* La ofensiva se ha evaporado. *(Vuelve a reír.)* Habrá que empezar a pensar en otras cosas. Es posible que todas las desgracias hayan terminado para nosotros. ¿No os dais cuenta? Esto se está terminando, amigos. El tiempo llega a su fin. En resumen, ha habido suerte y no creo que podamos quejarnos. Lo más seguro es que nos

---

[5] En el manuscrito este cuadro figura como el X. El antiguo cuadro IX se suprimió en la redacción final de la obra.

retiren de este puesto y nos perdonen. La pena está cumplida. Nosotros no tenemos la culpa de que no nos hayan matado. Estábamos aquí para morir en la ofensiva, ¿qué le vamos a hacer? No creo que nos manden a otro puesto de castigo.

PEDRO.   Es extraño, Adolfo. Es extraño que te consideres limpio y dispuesto a vivir tranquilamente, como si no hubiera pasado nada. Hay una cuenta pendiente, Adolfo. Una cuenta que no podemos olvidar.

ADOLFO.   El cabo, ¿no?

PEDRO.   Sí, el cabo. Yo no sé si el tiempo que hemos estado aquí ha sido suficiente para que nunca más volvamos a tener remordimientos de lo que cada uno hicimos antes. Pero sé que ahora somos culpables de la muerte de un hombre.

ADOLFO.   ¿Te arrepientes de haber matado al cabo Goban, a esa víbora...?

PEDRO.   No. Y hasta es posible que si todo empezara de nuevo, volviera a matar al cabo Goban con vosotros; pero eso no cambia nada. Yo soy de los que creen que se puede matar a un hombre. Lo que pasa es que luego hay que enfrentarse con el crimen como hombres. Eso es lo que quiero decir.

ADOLFO.   Pedro, yo no digo que haya que olvidar lo del cabo y vivir alegremente. El que tenga remordimientos, bien está y que los lleve con él toda la vida, si es preciso. Cada uno, según su conciencia. Pero ahora se trata de lo que hay que hacer cuando esto se acabe. Hay que imaginar una historia sobre la desaparición del cabo. A eso me refiero. "No sabemos qué ha sido de él". ¿Eh? ¿Qué os parece?

ANDRÉS.   Sí, es lo mejor. Salió la mañana de Navidad y no hemos vuelto a verle.

ADOLFO.   Hay que recordarlo bien. "La mañana de Navidad". Que no se os olvide. Después del desayuno, a eso de las ocho.

ANDRÉS.   A eso de las ocho, sí. Dijo que iba de observación. Que pensaba internarse. Que si no estaba para la hora de comer, no nos preocupáramos. No sé si creerán que el cabo pensaba dejarnos tanto tiempo solos.

ADOLFO.   Sí, ¿por qué no? Estaba inquieto. La noche antes había oído ruidos extraños.

ANDRÉS.   Pudo mandarnos a cualquiera de nosotros.

ADOLFO.   No se fiaba. Prefería...

PEDRO.   (*Se levanta.*) Podéis continuar imaginando historias. No os va a servir de nada.

ADOLFO.   ¿Por qué?

PEDRO.   Porque pienso denunciar la muerte del cabo, tal como ocurrió.

(*Pausa larga. Todos se miran.*)

ANDRÉS.   No, Pedro. Eso es una locura.

PEDRO.   Es lo que pienso hacer.

ADOLFO.   Estás hablando en broma, ¿verdad, Pedro? No puedes estar hablando seriamente. (*Trata de sonreír.*) ¿Verdad? Tú no piensas hacer lo que has dicho. De ningún modo piensas una cosa así.

PEDRO.   ¿Os extraña?

ADOLFO.   ¡Pedro! (*Se acerca a él.*) ¡Ten en cuenta que estamos hablando de verdad!

PEDRO.   Yo estoy hablando de verdad. Yo soy de los que no se asustan ante las consecuencias de los hechos. Sé cargar con ellas. Exijo cargar con ellas. Es mi modo de ser.

ADOLFO.   ¡No, Pedro! ¡Tú no harás eso! ¡No puedes hacer eso! ¿Cómo se te ha ocurrido una cosa así? Estás jugando con fuego, Pedro.

PEDRO.   ¿Jugando? Yo no sé jugar.

ADOLFO.   (*Se sienta. Sombrío.*) No puedes hacer eso. No puedes...

PEDRO.   (*Sin mirarle.*) ¿Qué es lo que no puedo?

ADOLFO.   Si tú no quieres ya vivir, no puedes arrastrarnos a seguir tu suerte.

PEDRO.   Yo no arrastro a nadie. Yo voy sólo adonde me parece que debo ir. Vosotros haced lo que queráis.

ADOLFO.   Es un suicidio. Es entregarte al piquete de ejecución.

PEDRO.   No. Entregarme al piquete no me corresponde a mí. Que yo muera o no, les corresponde decidirlo a ellos. Lo mío se reduce a decir la participación que tuve en un crimen que se cometió en la noche de Navidad del año pasado. El cabo, a pesar de todo, era un compañero y lo que hicimos fue un crimen. ¿Está claro?

ADOLFO.   Estás disponiendo de nuestras vidas, Pedro. ¿Qué hacemos nosotros?

PEDRO.   Yo no pretendo discutir esto, Adolfo. A mí me parece que hay cosas más importantes que vivir. Me daría mucha vergüenza seguir viviendo. Ya no podría ser feliz nunca.

ADOLFO.   Pedro, estábamos borrachos. Ten en cuenta... El alcohol...

PEDRO.   No, si eso es lo de menos. Estábamos borrachos, el alcohol... Sí, es verdad. No contaré ni una mentira. Lo diré todo, como ocurrió.

ADOLFO.   Es un sacrificio inútil.

PEDRO.   Ocultar lo que aquí ha pasado para ganarnos unos miserables años más de vida... sí que me parece un sacrificio inútil.

ADOLFO.   Pedro, ya te he entendido. No es nada de lo que dices. No es que seas más hombre que los demás. No es que te importe lo que ocurrió ni que creas que mereces ser castigado. Es simplemente que quieres morir. ¡Es que estás desesperado desde lo que pasó con tu mujer! ¡Es que estás loco! ¡No es más que eso!

PEDRO.   (*En un rugido.*) ¿De qué estás hablando, di? ¿De qué estás hablando? ¡O te callas, o...!

ADOLFO.   ¿Ves? Te ha dolido porque es verdad. Pero nosotros queremos vivir. Tú no entiendes que nadie quiera vivir, ¿verdad? Pero nosotros... nosotros queremos...

(Pausa. Pedro se ha sentado, abatido.)

ANDRÉS.   Pedro, ¿qué piensas?

PEDRO. Nada. Ya sabéis cuál es mi actitud. Interpretadla a vuestro gusto. Yo voy a entregarme al Consejo de Guerra. El que no quiera seguir mi suerte puede irse. Yo no soy quién para arrastraros por un camino que a vosotros no os parece... el mejor... (*Cierra los ojos. Lentamente.*) Yo he pensado mucho en ello. Voy a ir por ese camino. No veo otro... para mí... Para que mi vida no sea algo que un día tenga que arrastrar con vergüenza... para... para salvarme... No sé vosotros... Yo... He terminado... No cuento ya con vivir...

ANDRÉS. Yo te comprendo. Te has puesto por delante, pero te comprendo. Yo quiero vivir, pero te comprendo. Nos haces un gran daño, porque habría que matarte para que callaras y sería ya demasiada sangre... No somos tan malos, ¿te das cuenta?

ADOLFO. Cállate, Andrés. O habla por ti. A mí no me metas en tu compasión. Yo estoy dispuesto a salvarme, por encima de todo. (*Se apodera de un fusil y lo monta.*) Pedro, estoy dispuesto a llevarme a quien sea por delante. Tú lo has querido.

PEDRO. (*Se sienta tranquilamente.*) Únicamente te digo... que lo pienses un poco antes de hacer una tontería. No te aconsejo que prescindas de mí. No te conviene. Tendrías que dar luego demasiadas explicaciones... y lo más seguro es que no llegaran a creerte. Después de las cosas que han ocurrido, creo que conviene meditar antes de tomar una decisión. ¿Estás seguro de que los demás están de acuerdo contigo? ¿No te dejarán solo cuando lo hagas..., en cuanto aprietes el gatillo?

ADOLFO. Andrés, ¿tú qué piensas?

ANDRÉS. No, Adolfo. No creo que debas hacerlo. Espera. Ya pensaremos.

ADOLFO. Y vosotros, ¿qué?

JAVIER. (*Se encoge de hombros.*) Me gustaría volver a casa, pero me parece que se ha puesto muy difícil volver. Estoy dispuesto a que se cumpla lo que tenga que cumplirse. Lo que tiene que venir... a pesar de todos nuestros esfuerzos. No contéis conmigo para nada. Me gustaría no volver a hablar nunca.

ADOLFO. (*Hace un gesto de impaciencia.*) ¡Bah! ¡Tonterías! ¿Qué razón hay para que nos demos por vencidos? Sin Pedro, tenemos una larga vida por delante. ¿Qué hacemos con él? (*Nadie responde. Exasperado.*) Tú, Luis, ¿qué piensas? Claro, a ti te da igual también. No tienes nada que temer del Consejo de Guerra, ¿eh? ¡Te lo has creído! Todo depende de lo que declaremos los demás. Si nosotros queremos, cae todo sobre ti. ¿Te das cuenta? Tú lo mataste... en el puesto de guardia. ¡Y niégalo! Luis, no es que vayamos a decir eso. Lo que quiero hacerte comprender es que tienes que ayudarnos.

(*Luis vuelve la cabeza.*)

PEDRO. Te han dejado solo.

(*Adolfo, desalentado, tira el fusil. Se sienta y oculta el rostro entre las manos.*)

OSCURO.

CUADRO DÉCIMO [6]

(Están todos, menos Pedro. Javier, tendido. Adolfo, en una actitud semejante a la del final del cuadro anterior. Alza la cabeza y dice:)

ADOLFO. ¿Y Pedro?

ANDRÉS. Acaba de salir.

ADOLFO. Bien. Quería deciros una cosa. A pesar de todo, a pesar de vuestro miedo y de los escrúpulos de todos, Pedro tiene que morir. Es nuestra única salida. Es inútil tratar de convencerlo. Hay que terminar con él si todavía queremos esperar algo de la vida. Por otra parte, no es tan terrible si lo que os horroriza es... hacerlo. Yo solo lo hago. Y no me importa porque sé que él quiere morir y que espera con impaciencia el momento de ponerse ante el piquete. Supongo que... habréis reflexionado y... sin duda...

ANDRÉS. Yo no lo autorizo, Adolfo. Ya está bien de sangre. Y cállate ya.

ADOLFO. *(Se estremece.)* Estamos a treinta. Dentro de unas horas puede venir la patrulla. Empieza a ser

---

[6] Este cuadro figuraba antiguamente como el XI. Terminaba en el momento en que Andrés y Adolfo se echan a dormir. El discurso de Javier sobre la predestinación que aflige a los soldados estaba colocado anteriormente en el mismo cuadro, y su modo de expresión difería algo del actual.

peligroso permanecer aquí. Yo había pensado que resultaría fácil explicar la desaparición de Pedro. Simplemente... se fue con el cabo. Los dos, prisioneros del enemigo, con toda seguridad.

ANDRÉS. Cállate, Adolfo. Es inútil.

ADOLFO. (*Sombrío*.) Está bien. Entonces no habrá más remedio que abandonar esta casa hoy mismo. ¿Y adónde ir? Por el bosque... a las montañas... Todo este país es una trampa para nosotros. Aunque... puede que tengamos una posibilidad de salvarnos.

ANDRÉS. ¿Cuál?

ADOLFO. Podríamos organizarnos por nuestra cuenta... en la tierra de nadie. Hacer vida de guerrilla, cogiendo provisiones en las aldeas y viviendo en las montañas. Nos damos de baja en el Ejército y ya está. Sé de grupos que han vivido así años y años. Y supongo que no se pasará mal del todo.

ANDRÉS. No, Adolfo. Tampoco en eso estoy de acuerdo contigo. Yo quiero vivir, pero no tengo ganas de luchar..., no me siento con fuerzas. Yo he decidido pasarme. No es una agradable salida, pero al menos viviré. En los campos de prisioneros se vive.

ADOLFO. ¿Eso es todo lo que se te ocurre?

ANDRÉS. Sí.

ADOLFO. ¡Pues eres un estúpido! Andrés, escucha. Me estáis volviendo loco entre todos. ¿Qué es lo que pretendéis? Estáis todos contra mí. Os habéis abandonado... Que decida el destino por nosotros, ¿no? ¿Y qué es eso del destino? (*Ríe*.) No queréis vivir ninguno. Tú dices que sí, pero es mentira. Escúchame. En las montañas del Norte se puede vivir. Dentro de poco empezará la primavera y no faltarán frutas en las huertas abandonadas y caza en el monte.

ANDRÉS. No. Me doy cuenta de que yo no sirvo para vivir así, huido..., hasta que me cace a tiros una patrulla de unos o de otros. Yo quiero descansar. En el "campo", al menos, podré tumbarme. ¿Sabes? Desde que el cabo me pegó aquí (*Por el pecho*.), no me encuentro muy bien.

ADOLFO. ¿Pero es que no sabes cómo se trabaja en los "campos"? Como bestias. Te reventarán en una cantera o en una mina.

ANDRÉS. Por la noche podré dormir.

ADOLFO. No... Acabarás como han acabado muchos, tirándose contra las alambradas, electrocutados, si es que puedes. Que es posible que ni eso puedas hacer. Vente conmigo.

ANDRÉS. Contra las alambradas... Me haces reir... Para tirarse contra las alambradas hay que desear morir, y yo...

ADOLFO. Claro que lo deseas, y si no... acabarás deseándolo.

ANDRÉS. No... Vivir... como sea...

ADOLFO. ¿Cómo crees que te tratarán los guardianes del campo? ¡A latigazos!

ANDRÉS. Lo veremos.

ADOLFO. Los hay que ya ni se mueven para nada, que ya no sienten ni los golpes... Son como plantas enfermas... Tumbados... Se lo hacen todo encima y no se mueven... Viven entre su propia porquería...

ANDRÉS. Descansan, por fin.

ADOLFO. Sin contar con que, ¿quién te dice que vas a llegar al "campo"? Es probable que te cacen al acercarte a las líneas.

ANDRÉS. Llevaré una bandera blanca. No creo que disparen.

ADOLFO. Andrés, tú no te das cuenta de lo que podríamos hacer. Uno solo es difícil, pero un pequeño grupo armado... ¡Podríamos hacer tantas cosas...! En el monte hay escondrijos... Va a merecer la pena. Hasta es posible que pasemos buenos ratos. ¡Escucha!

ANDRÉS. He decidido ya, Adolfo.

ADOLFO. ¿Y vosotros? (*Entra Pedro.*) Luis, ¿tú?

LUIS. Yo voy a seguir aquí, con Pedro. Si supiera que te iba a servir de algo mi ayuda, me iría contigo. Pero iba a ser un estorbo para ti. Habría que cometer violencias en las aldeas, robar..., quizá matar si los campesinos nos hacían frente. No sirvo para eso, Adolfo. Perdóname.

ADOLFO.   No contaba contigo, Luis. No tienes que explicarte.

LUIS.   Haces bien en despreciarme, Adolfo. Tienes derecho a despreciarme.

ADOLFO.   ¡Déjame en paz! ¿Y tú, Javier? (*Javier no responde.*) ¿Te quedas?

JAVIER.   Sí.

ADOLFO.   ¿Sabes lo que eso significa? ¡Fusilado!

JAVIER.   Sí, lo sé..., aunque a mí es posible que no me fusilen.

ADOLFO.   ¿A ti? ¿Por qué?

JAVIER.   Son cosas mías.

ADOLFO.   ¿Va a declarar Pedro a tu favor?

JAVIER.   No. No es eso. A Pedro le gusta decir la verdad. ¿Eh, Pedro?

(*Pedro no contesta.*)

ADOLFO.   ¿Entonces?

JAVIER.   Déjame en paz. Sois dos estúpidos, Andrés y tú. Dices con horror "fusilado" y te vas a que te cacen como una alimaña, a tiros... o te linchen en cualquier aldea... El otro quiere vivir y se va a que lo aplasten entre las alambradas de un "campo". Tiene gracia. Todos son... caminos de muerte. ¿No os dais cuenta? Es inútil luchar. Está pronunciada la última palabra y todo es inútil. En realidad, todo era inútil... desde un principio. Y desde un principio estaba pronunciada la última palabra. Todavía queréis luchar contra el destino de esta escuadra... que no es sólo la muerte, como creíamos al principio..., sino una muerte infame... ¿Tal torpes sois... que no os habéis dado cuenta aún?

PEDRO.   (*Aislado, habla.*) ¿Pero sabéis que yo tenía una esperanza? La de que el desenlace llegara por otro sitio. Que todo hubiera acabado en esta casa, frente al enemigo, pasados a cuchillo, después de habernos lle-

vado por delante a unos cuantos... y después de haber
avisado a la primera línea. Ya que no se nos ha con-
cedido este fin, pido, al menos, que no haya nunca
ofensiva en este sector, y que nuestro sacrificio sirva
para detener el derramamiento de sangre que parecía
avecinarse a todo lo largo del frente.

ADOLFO. (*Se levanta. Bosteza.*) Voy a ver si duer-
mo. Al anochecer abandonaré esta casa. En la primera
aldea habrá alguien que quiera venirse conmigo al monte. Necesito encontrar un compañero y lo tendré.

(*Se echa a dormir.*)

ANDRÉS. Me iré contigo. Si te parece, vamos juntos
hasta la salida del bosque. Allí, un apretón de manos
y... ¡buena suerte! Voy a tumbarme un rato..., aunque creo que no podré dormir.

(*Se echa también. Luis está mirando por la ventana. Javier, sentado, con la mirada fija en el
suelo. Pedro pasea, pensativo. De pronto, se para
y dice a Javier.*)

PEDRO. Entonces, ¿has llegado a eso? ¿A pensar...?

JAVIER. (*Se encoge de hombros.*) No sé a qué te re-
fieres.

PEDRO. Javier, desde que ocurrió "aquello" has estado pensando, cavilando, ¿te crees que no me he dado
cuenta?; mientras los demás tratábamos de actuar a
nuestra manera, tú, mientras tanto, nos mirabas... yo
diría que con curiosidad..., como un médico puede
mirar a través de un microscopio...

JAVIER. (*Ríe secamente.*) Sólo que yo soy una de las
bacterias que hay en la gota de agua..., en esta gota
que cae en el vacío. Una bacteria que se da cuenta, ¿te
imaginas algo más espantoso? (*Un silencio.*) Sí, tienes
razón. Durante todo este tiempo, desde que matamos
a Goban, he estado investigando..., tratando de responder a ciertas preguntas que no he tenido más remedio
que plantearme...

PEDRO.   ¿Y qué?

JAVIER.   Ahora ya sé..., me he enterado..., mi trabajo ha concluido felizmente. He conseguido (*Una leve sonrisa.*) un éxito... desde el punto de vista científico... He llegado a conclusiones.

PEDRO.   ¿Qué conclusiones?

JAVIER.   La muerte del cabo Goban no fue un hecho fortuito.

PEDRO.   No te entiendo.

JAVIER.   Formaba parte de un vasto plan de castigo.

PEDRO.   ¿Has llegado a pensar eso?

JAVIER.   Sí. Mientras él vivía llevábamos una existencia casi feliz. Bastaba con obedecer y sufrir. Se hacía uno la ilusión de que estaba purificándose y de que podía salvarse. Cada uno se acordaba de su pecado, un pecado con fecha y con circunstancias.

PEDRO.   ¿Y después?

JAVIER.   Goban estaba aquí para castigarnos y se dejó matar.

PEDRO.   ¿Que se dejó matar? ¿Para qué?

JAVIER.   Para que la tortura continuara y creciera. Estaba aquí para eso. Estaba aquí para que lo matáramos. Y caímos en la trampa. Por si eso fuera poco, la última oportunidad, la ofensiva, nos ha sido negada. Para nosotros estaba decretada, desde no sé dónde, una muerte sucia. Eso es todo. Tú dices que tenías esa esperanza... la de que muriéramos en la lucha..., pobre Pedro... Y todavía, ¿verdad que sí?, todavía tienes... no sé qué esperanzas..., ¿cómo has dicho antes?, "que nuestro sacrificio sirva..." Eso es como rezar.

PEDRO.   Sí, es como rezar. Puede que sea lo único que nos queda... un poco de tiempo aún para cuando ya parece todo perdido..., rezar...

JAVIER.   (*Ríe ásperamente.*) Estamos marcados, Pedro. Estamos marcados. Rezar, ¿para qué?, ¿a quién? Rezar...

PEDRO.   ¡Cómo puedes decir eso...! ¿Entonces crees que alguien...?

JAVIER. Sí. Hay alguien que nos castiga por algo...,
por algo... Debe haber..., sí, a fin de cuentas, habrá
que creer en eso... Una falta... de origen... Un misterioso y horrible pecado... del que no tenemos ni idea...
Puede que haga mucho tiempo...

PEDRO. Bueno, seguramente tienes razón, pero déjate de pensar eso... Debe ser malo... No, tú no te preocupes... Hay que procurar tranquilizarse... para hacer
frente a lo que nos espera.

JAVIER. Sí, pero yo no puedo evitarlo..., tengo que
pensar, ¿sabes? (*Sonríe débilmente.*) Es... mi vocación...
desde niño..., mientras los demás jugaban alegremente..., yo me quedaba sentado, quieto... y me gustaba
pensar...

OSCURO.

CUADRO UNDÉCIMO

(En la oscuridad, ruido de viento. Hay —pero apenas pueden ser distinguidas— dos sombras, entre árboles, en primer término. Suenan, medrosas, como en un susurro, las voces de Adolfo y Andrés.)

ANDRÉS.   Espera... Estoy cansado... Hemos andado mucho...

ADOLFO.   ¿Qué te ocurre?

ANDRÉS.   Hemos... andado mucho... ¿Dónde estamos?

ADOLFO.   Aquí termina el bosque, ¿no lo ves? Y por allá, la montaña.

ANDRÉS.   ¿Y dónde... las líneas enemigas?

ADOLFO.   Enfrente de nosotros..., allí...

ANDRÉS.   Déjame sentarme... Estoy cansado...

(Una sombra se abate.)

ADOLFO.   Vamos, no te sientes ahora. Hay que darse prisa...

ANDRÉS.   Vete tú, vete tú... Si quieres...

ADOLFO.   No; yo solo no... Tú te vienes conmigo... Es una locura lo de pasarse..., una locura...

(Una ráfaga de viento.)

126

ANDRÉS. ¿Qué dices?
ADOLFO. Es una locura...

(Una larga ráfaga de viento.)

ANDRÉS. ¿Sabes lo que me gustaría? No haber salido de la casa...
ADOLFO. ¿Qué quieres ahora? ¿Volver?
ANDRÉS. No. Ya no.
ADOLFO. ¿Vienes o no vienes?
ANDRÉS. No... Me quedo aquí... Cuando me tranquilice, iré hacia ellos... Cuando *(Con ahogo.)* me tranquilice...
ADOLFO. ¡Andrés, ven conmigo! ¡Yo también tengo miedo a lo que voy a hacer..., pero juntos...!
ANDRÉS. ¡No me harán nada, ya verás! ¡No me harán ningún daño!
ADOLFO. Entonces, ¡como quieras!, adiós y... ¡buena suerte!
ANDRÉS. ¡Buena suerte, Adolfo!

(Las sombras se separan. Otra ráfaga de viento.)

OSCURO.

CUADRO DUODÉCIMO

(Se hace luz en la escena. Crepúsculo. Está solo Luis. En seguida entra Pedro.)

PEDRO. ¡Luis!

LUIS. ¿Qué hay?

PEDRO. *(Descolgando el fusil.)* ¿Qué ha estado haciendo Javier esta tarde?

LUIS. Nada. Sentado ahí. Y luego se marchó. Dijo que iba a dar un paseo por el bosque. ¿Por qué?

PEDRO. ¿No le notaste nada raro?

LUIS. No. Únicamente... que desde que anoche se marcharon Adolfo y Andrés, no ha vuelto a decir una palabra.

PEDRO. Ya no la dirá nunca. Acabo de encontrarlo en el bosque. Se ha colgado.

LUIS. ¡Cómo! ¿Que se ha...? ¿Muerto?

PEDRO. Sí. A unos cincuenta metros de aquí. De un árbol. Cuando venía hacia la casa me he topado con él... Se balanceaba... Ha sido un triste final para el pobre Javier. He tenido que trepar al árbol para descolgarlo... Allí está...

LUIS. ¡Ahorcado!

PEDRO. No ha tenido valor para seguir. Seguramente venía pensando hacerlo. Y ahora que está a punto de llegar la patrulla se conoce que le ha parecido absurdo

128

continuar... O ha tenido miedo... Y como el final iba a ser el mismo... ha decidido acabar por su cuenta.

LUIS.   Pero no es lo mismo. Acabar así es lo peor. Es condenarse.

PEDRO.   Él se sentía ya condenado. Se creía maldito. Pensaba demasiado. Eso le ha llevado... a terminar así.

LUIS.   (*Con voz temerosa.*) Y en realidad parece que ésta era una escuadra maldita, Pedro. ¿Qué será de Adolfo y de Andrés a estas horas? ¿Habrán llegado muy lejos?

PEDRO.   (*Se encoge de hombros.*) Déjalos. Es como si se los hubiera tragado la tierra. Bien perdidos están.

(*Un silencio.*)

LUIS.   Estamos solos, Pedro. Solos en esta casa. ¿Qué va a ser de nosotros?

PEDRO.   Yo también desapareceré, Luis. Sólo tú vivirás.

LUIS.   No, Pedro. Yo no quiero vivir si todos vosotros me dejáis. No hay razón para que yo haya sido excluido. Pedro, te pido que digas: Luis estuvo con nosotros esa noche. Luis también mató.

PEDRO.   No. Tú te quedas aquí, en este mundo. Quizá sea ése tu castigo. Quedarte, seguir viviendo y conservar en el corazón el recuerdo de esta historia.

LUIS.   Pero yo no podré...

PEDRO.   Sí podrás. Acabará la guerra y tú volverás a vivir. Encontrarás nuevos amigos. Te enamorarás de una mujer... Te casarás... Tú debes aceptarlo todo. Ellos no sabrán por qué a veces te quedas triste un momento..., como si recordaras... Y entonces estarás pensando en el cabo, en Javier, en Adolfo, en Andrés, en mí... Luis, no tienes que apenarte por nosotros. Apénate por ti..., por la larga condena que te queda por cumplir: tu vida.

LUIS.   Pedro, y todo esto, ¿por qué? ¿Qué habremos hecho antes? ¿Cuándo habremos merecido todo esto? ¿Nos lo merecíamos, Pedro?

PEDRO. ¡Bah! No hay que preguntar. ¿Para qué? No hay respuesta. [7] El único que podía hablar está callado. Mañana vendrá seguramente la patrulla. Échate a dormir. Yo haré la guardia esta noche.

LUIS. No. Échate tú, Pedro. Yo haré la guardia.

PEDRO. Entonces... la haremos juntos, charlaremos..., tendremos muchas cosas que decir. Seguramente es la última noche que pasamos aquí. Sí, esto se ha terminado.

LUIS. (*Que ha mirado fijamente a Pedro.*) ¿Sabes? Yo apenas hablo..., no me gusta decir muchas cosas..., pero hoy, que estamos tan solos aquí, tengo que decirte que te admiro. Y que te quiero mucho. Que te quiero como si fueras mi hermano mayor.

PEDRO. Vamos, muchacho... Estás llorando... No debes llorar... No merece la pena nada... (*Saca un paquete de tabaco con dos cigarrillos.*) Mira, dos cigarrillos. Son los últimos. ¿Quieres fumar?

(Los ha sacado y estrujado el paquete.)

LUIS. No..., no he fumado nunca.

PEDRO. Que sea la primera vez. (*Encienden. Fuman.*) ¿Te gusta? (*Luis asiente, limpiándose lágrimas, como de humo. Pedro le mira con ternura.*) Tu primer cigarrillo... No lo olvidarás nunca... Y cuando todo esto pase y te parezca como soñado, como si no hubiera ocurrido nunca..., cuando tú quieras recordar... Si algún día, dentro de muchos años, quieres volver a acordarte de mí..., tendrás que encender un cigarrillo..., y con su sabor esta casa volverá a existir, y el cuerpo de Javier estará recién descolgado, y yo... yo te estaré mirando... así...

(Está oscureciendo. Cae lentamente el

TELÓN

7 En la edición de Losada y la de Appleton-Century-Crofts, aparece aquí la indicación escénica: "Mirando hacia el cielo." Esta frase no aparece en el manuscrito ni en ninguna edición española de la obra.

LA MORDAZA

DRAMA EN SEIS CUADROS Y UN EPÍLOGO

Esta obra se estrenó en Madrid, en el teatro Reina Victoria, el 17 de septiembre de 1954.

PERSONAJES

ANTONIA, LA MADRE.
ISAÍAS KRAPPO, EL PADRE.
LUISA, MUJER DE JUAN.
JUAN, HIJO.
ANDREA, CRIADA.
JANDRO, HIJO.
TEO, HIJO.
EL FORASTERO.
EL COMISARIO ROCH.
UN AGENTE.

CUADRO PRIMERO [1]

HABITACIÓN que sirve de cuarto de estar y comedor en una casa rural de grandes proporciones, de sombría y pesada arquitectura. Hay una gran lámpara encendida: una lámpara que no consigue iluminar todos los rincones de la habitación. Las ventanas están abiertas. La gran chimenea, apagada. Es una cálida noche de agosto.

(El viejo Isaías Krappo preside la mesa en que la familia está cenando. Antonia, Luisa, Juan y Jandro terminan de cenar silenciosamente. Isaías enciende su pipa. Antonia, que es una mujer muy

[1] *La mordaza* está basada en el famoso crimen de Lurs, que tuvo lugar en agosto de 1952. Aunque *l'affaire de Lurs* fue, como afirma Sastre, "un simple 'motivo' para este drama" y los hechos de *La mordaza* "están libremente fabulados por el autor," no dejan de existir paralelos interesantes entre esta obra y el horrendo y enigmático crimen de Francia. Las víctimas fueron un matrimonio inglés, los Drummond, y su hija. Gastón Dominici, viejo campesino de la comarca —patriarca fuerte, despótico y orgulloso— fue declarado culpable y sentenciado a muerte. Su sentencia se debió en parte al testimonio de sus hijos. El caso estaba —y está— rodeado de ambigüedades, sobre todo respecto a la motivación y la ejecución del asesinato, y ha habido graves dudas acerca de la culpabilidad de Dominici. Un buen resumen del caso se encuentra en el artículo, "The Most Extraordinary Crime of the Century", *Réalités,* núm. 62 (enero 1956), pp. 26-35, 73. En *Obras completas,* pp. 284-285, Sastre explica su utilización de este crimen para escribir *La mordaza.*

vieja y semiciega, se remueve con inquietud y trata de espiar, entornando los ojos, el rostro del viejo.)

ANTONIA. (*Con voz débil y temblorosa.*) No creo que ya tarde mucho. Habrá tenido algo que hacer. (*Isaías Krappo no dice nada.*) Encuentro al muchacho preocupado desde hace algún tiempo, como si tuviera disgustos por ahí. No sé qué pensar de él. (*El viejo guarda silencio.*) ¿Verdad, Isaías, que yo tengo razón? ¿No le notas tú...? Está como distraído. ¿Tú no lo has notado?

ISAÍAS. ¿Por qué no ha venido a cenar a su hora? Eso es lo que quisiera saber. Eso es lo único que me preocupa en este momento.

ANTONIA. Habrá tenido...

ISAÍAS. Calla. Me repugna que todavía trates de disculparlo. Lo que hace con nosotros no tiene perdón. Estamos aquí todos reunidos a la mesa. Es un desprecio que hace a la familia. (*Luisa murmura algo, inclinada sobre su plato.*) ¿Dices algo, Luisa?

LUISA. No... Es decir, pensaba que yo no me siento despreciada en lo más mínimo... porque Teo tarde esta noche.

ISAÍAS. No eres precisamente tú, Luisa, la más indicada para decidir cuándo se nos desprecia o no. Eso es cosa mía. Y si lo que te molesta es mi modo de ser, podías haberte evitado el fastidio de sufrirme. Bastaba con que no hubieras entrado a formar parte de esta familia que, por lo visto, te desagrada tanto.

LUISA. Yo me casé con Juan, y no tengo más familia que Juan. En mí, por si usted quiere saberlo, no manda nadie más que él.

JUAN. (*En voz baja, nervioso.*) Cállate. Cállate ya.

ISAÍAS. Si Juan fuera un hombre, no hablarías como hablas, Luisa. Están insultando a tu padre, Juan. ¿No te das cuenta? Si tú no eres capaz de sujetarla, algún día tendré que hacerlo yo.

LUISA. ¿Qué quiere decir?

Teatro Reina Victoria de Madrid, la noche del estreno
de *La mordaza*: 17 septiembre 1954

da... (Saca un paquete de tabaco con dos cigarrillos) Mira, dos cigarrillos. Son los últimos. ¿Quieres fumar? (Los ha sacado y estrujado el paquete.)

Luis - No... no he fumado nunca.

Pedro - Que sea la primera vez (Encienden fuman) ¿Te gusta? (Luis asiente, limpiándose lágrimas como de humo. Pedro lo mira con ternura.) Tu primer cigarrillo... No lo olvidarás nunca... Y cuando todo esto pase y te parezca como soñado, como si no hubiera pasado nunca... cuando tú quieras recordar... Si algún día, dentro de muchos años, quieres volver a acordarte de mí... tendrás que encender un cigarrillo... y con su sabor esta casa volverá a existir, y el cuerpo de Javier estará recién descolgado, y yo... yo te estaré mirando... así...

(Está oscureciendo. Cae el telón lentamente.)

fin del drama

Madrid 31 Mayo 52
    "   Agosto 52

Página autógrafa de *Escuadra hacia la muerte*: fin del drama

JUAN. (*La coge por un brazo; entre dientes.*) ¿Te vas a callar de una vez?

LUISA. (*Se suelta.*) Estate quieto. Me haces daño.

ISAÍAS. Déjala. Está endemoniada. ¿No la ves? Tiene cien gatos dentro del cuerpo. Es una pena que no tuvieras más ojo para elegir a tu mujer, Juan. El mundo está lleno de mujeres honestas, limpias y obedientes.

JUAN. (*Con poca voz.*) Padre.

ISAÍAS. ¿Qué quieres?

JUAN. (*Con una voz humilde.*) No diga esas cosas de Luisa. Yo estoy contento de haberme casado con ella.

ISAÍAS. No me extraña. (*Con una cierta dulzura irónica.*) Tú eres un muchacho de muy poco talento, Juan. De pequeño llegaste a preocuparnos a tu madre y a mí. Eras como un animalillo torpe. El médico nos dijo que la culpa de todo la tenían tus nervios. No tenías memoria y hablabas con dificultad... te costaba trabajo... No sabes la tristeza que nos dio tener un hijo así, ¿verdad, Antonia? Nuestro primer hijo. Nos dio mucha tristeza.

JUAN. (*Ha bajado la cabeza.*) No debería contar esas cosas delante de todos, padre.

ISAÍAS. ¿Por qué? Un hijo mío no tiene de qué avergonzarse. Si te hablo de esto es para que no te olvides nunca de lo que en esta casa se ha hecho por ti...; de que a fuerza de sacrificios y de preocupaciones hemos conseguido sacarte adelante y hacer de ti un hombre del que no se ría la gente del pueblo. (*Transición.*) Es que... resulta muy doloroso ver que os olvidáis de todo lo que se ha hecho por vosotros y que os tiene sin cuidado herir a unos pobres viejos. Algunas veces pienso que hemos criado cuervos, Antonia..., que hemos criado unos seres extraños que acabarán sacándonos los ojos...

ANTONIA. Vamos, qué cosas dices. ¿Cómo puedes pensar...? Nuestros hijos son buenos. Los chicos nos quieren y harían cualquier cosa por nosotros. Si de algo estoy contenta en la vida, es de haber tenido hijos. Me

encuentro a gusto entre ellos. Y cuando se van, me doy
cuenta de lo sola que estoy.

Isaías. Está bien, Antonia... Me gusta que sueñes...
No puedes hacer otra cosa ya..., y hay que disculparte
esas pequeñas debilidades... Pobre Antonia, ¿cómo has
llegado a esto? Ni siquiera puedes vernos claramente...
Te mueves entre sombras... No ves más que unos cuerpos que se mueven; eso es el mundo para ti..., unos
cuerpos que se mueven a tu alrededor y que no eres
capaz de distinguir..., que te inquieten cuando tiemblan
porque no sabes lo que va a ocurrir y siempre te parece que va a ocurrir algo malo. Nos miras, tratas de
mirarnos, para averiguar si estamos tristes o si pone-
mos mala cara... Escuchas, y cuando oyes alguna voz
fuerte, te echas a temblar... Tienes miedo. ¿De qué,
Antonia? No tienes que tener miedo entre nosotros.

Antonia. Yo no tengo miedo, Isaías... Yo no tengo
miedo. ¿Cómo voy a tener miedo si estoy con mis
hijos? Solamente a veces, cuando tú te enfadas con
alguno de los chicos —cuando tú te enfadas con razón,
claro—, yo no quisiera que te enfadaras tanto... y me
pongo nerviosa... Sí, tengo que confesártelo..., que
me pongo nerviosa... No me gusta oíros discutir...

Isaías. Y, sin embargo, es preciso que nos oigas,
Antonia, y tú misma deberías ayudarme a educar a los
hijos..., si todavía sirvieras para algo... Pero no puedo
contar contigo para nada... desde hace tiempo... Es un
poco triste mi situación rodeado de todos vosotros, débiles y enfermos. El más viejo tiene aún que daros lec-
ciones de fuerza y de coraje... (*Añade, amargamente.*)
Una pandilla de inservibles, eso es lo que le ha tocado
en suerte al viejo Isaías Krappo para consuelo de sus
últimos años... (*Sonríe irónicamente.*) Una pandilla por
la que siento un gran amor, a pesar de todo... (*Vacía
su pipa y se levanta. Va a una ventana.*) Hace demasiado calor esta noche. Casi no se puede respirar. (*Luisa
se levanta y empieza a quitar la mesa. Andrea, la criada, ha entrado silenciosamente. Entre Luisa y Andrea
recogen los cubiertos y el mantel. Isaías se acerca a*

Jandro, el menor de los hijos, y le da un pescozón cariñoso.) Vamos, Jandro, ¿qué te pasa? No has hablado nada en toda la noche. Estás muy serio.

JANDRO. No me pasa nada, padre. Tengo mucho sueño. Esta tarde me he cansado mucho en el campo. Ha habido tanto trabajo...

ISAÍAS. Eres muy joven y el trabajo resulta todavía muy fuerte para ti, pero tienes que ir acostumbrándote. Cuando seas mayor me lo agradecerás. Ahora ve a acostarte si quieres.

(Jandro se levanta.)

JANDRO. (*Bosteza.*) Hasta mañana, padre. (*Se vuelve a todos.*) Hasta mañana.

(Le contestan. Jandro se va. Isaías carga otra pipa.)

ISAÍAS. ¿Qué te parece el chico, Antonia? Estoy contento con él. No es fuerte, pero tiene lo que a otros les falta. Tiene voluntad.

ANTONIA. Jandro es un muchacho como hay que ser. (*Suspira.*) ¡Uf! No corre nada de aire esta noche. Estamos pasando un verano muy malo. No se acaba nunca. Me ahogo. Prefiero el invierno. Se está bien en la lumbre. Pero en verano..., es malo el verano. Es cuando se cometen los crímenes. Cuando los hombres sacan las navajas por nada y corre la sangre. Todos los crímenes ocurren en verano. La sangre de los hombres arde y no pueden pensar. El calor los ciega y no les importa matar a un hombre. Luego, en el invierno, cuando piensan en lo que hicieron, no lo comprenden. No se explican cómo pudieron hacerlo. Y es que ellos no tuvieron la culpa... Fue el calor que les ahogaba, que no les dejaba respirar.

(Luisa y Andrea han recogido el mantel y los cubiertos, y salen.)

ISAÍAS. Cállate, Antonia. ¿Qué tonterías estás diciendo? ¿Qué delirios son ésos?

ANTONIA. No son delirios. Es la verdad. Soy ya muy vieja, pero sé acordarme de las cosas. Era yo muy niña cuando dos mujeres del pueblo aparecieron muertas en su casa. Las habían matado a hachazos. Fue horrible. No se sabe quién lo hizo. No ha llegado a saberse nunca. Fue en agosto. Eramos ya novios cuando dos hombres riñeron en el pueblo y uno mató al otro. ¿No te acuerdas? Fue en verano. Habían nacido ya Juan y Teo, cuando Julia, la del herrero, ahogó a su niño. Y no tuvo la culpa ella. Hacía calor. Y todos saben lo que ocurrió en el pueblo el último año de la guerra, las muertes que hubo y cómo se ensañaron los hombres unos contra otros.

ISAÍAS. (*Sombrío.*) Aquel verano fue preciso hacer muchas cosas. No había otro remedio.

ANTONIA. Yo pienso, humildemente lo pienso, que siempre hay otro remedio. Todo antes que matar. Eso es lo que manda Nuestro Señor Jesucristo.

ISAÍAS. Los que luchamos por el país durante la ocupación, los que fuimos capaces de ametrallar a los soldados extranjeros y a los traidores que los protegían, no nos ocupábamos por tu Señor Jesucristo. Teníamos otras cosas en qué pensar.

ANTONIA. (*Niega con la cabeza.*) No, no, Isaías... En eso déjame decirte que te equivocas... Siempre hay que pensar en Nuestro Señor Jesucristo.

ISAÍAS. (*Ríe.*) ¿Eso es todo lo que te enseñan en la iglesia?

ANTONIA. Y rezamos. Yo rezo mucho por ti, Isaías, por la salvación de tu alma...

ISAÍAS. (*Con una cara irónica.*) Te lo agradezco, Antonia. En serio te lo digo, te lo agradezco.

(*Alguien hace ruido fuera. Es Teo, que llega. Entra vacilante.*)

Teo. Me... Me he entretenido un poco con los amigos. Perdonadme.

Isaías. ¿De dónde vienes?

Teo. Hemos estado... en la taberna. Hemos tomado unos vasos de vino. Hemos estado cantando. Yo quería venirme ya, pero me decían que me quedara. Me gastaban bromas. "¿Tienes miedo de que te riña tu padre?", me decían. Y yo me he quedado con ellos para que vieran...

(Luisa vuelve. Va junto a Juan que inquieto, lía un cigarrillo, y le pasa una mano por el hombro. Observan la escena.)

Isaías. Para que vieran ¿qué?

Teo. Para que vieran que yo soy un hombre y que no me asusto por cualquier cosa. Así que me he quedado y hemos estado divirtiéndonos un poco. Pero yo estaba deseando venirme, padre.

Isaías. Estábamos todos sentados a la mesa; la familia reunida para la cena, como debe ser... Hasta te hemos esperado un poco... Queríamos estar todos juntos, como siempre... Sabes la importancia que tiene para nosotros esto... Lo sabes porque ésa es la educación que te he dado... Pero tú, a esa hora que es sagrada para nosotros, estabas en la taberna emborrachándote... Es triste.

Teo. Padre, yo no quería ofenderos tanto.

Isaías. *(Sus ojos relampaguean.)* ¡Eso es lo malo! Que no querías ofendernos. ¡Eso es lo malo! Que hacéis las peores cosas sin querer. Si lo que hubieras querido es ofendernos y lo hubieras hecho por fastidiarnos, para que nos diéramos cuenta de tu desprecio, sería otra cosa... Esto sería una lucha y no una reprimenda paternal... Sabríamos a qué atenernos..., las cosas estarían claras... Pero estas situaciones son ridículas... Vete, vete a dormir. Déjame en paz. No quiero ni verte. Me da asco que seáis así.

Teo. Hasta mañana.

Antonia. Hasta mañana si Dios quiere, hijo mío.

(Teo sale.)

ISAÍAS. Juan, ayuda a tu madre..., acompáñala a la habitación...

ANTONIA. Con este calor no creo que pueda dormir. Anoche no dormí nada.

ISAÍAS. Le abres todas las ventanas, Juan.

ANTONIA. Pero no entra nada de aire..., nada de aire...

> *(Juan va acompañándola. Salen. Un silencio. Isaías enciende su pipa.)*

ISAÍAS. No deberías ser tan cruel conmigo, Luisa. Deberías respetarme más de lo que lo haces. Podríamos ser buenos amigos si tú quisieras.

LUISA. Usted no me es simpático. No lo puedo remediar.

ISAÍAS. Antes me has obligado a decirte delante de todos unas cosas poco agradables. He tenido que hacerlo para que ellos no sientan en mí ninguna debilidad. Estaría perdido. Pero tú sabes que no he tenido intención de ofenderte. Te lo he dicho para que ellos lo oigan; pero tú sabes que siento un gran afecto por ti.

LUISA. No me interesa para nada su afecto.

ISAÍAS. Eres dura conmigo..., eres muy cruel... ¿Qué te he hecho para que seas así?

LUISA. No me ha hecho nada. No es preciso que me haga nada para que yo sienta por usted esta..., esta aversión... Le he dicho que no lo puedo remediar.

ISAÍAS. Desde el principio, desde que Juan te trajo a la casa, he pretendido ser amigo tuyo... Pero tú me has rechazado siempre..., me pones mala cara, me huyes... o te enfrentas conmigo delante de todos y me faltas al respeto... ¿Por qué eres así? No quieres decirlo, pero lo sé... ¿Te crees que no lo sé? Te contaron cosas sobre mí antes de venir a la casa... Te previnieron contra mí... La mala gente... ¿Qué te dijeron?

LUISA. Nada. Nadie me dijo nada.

ISAÍAS. Estás mintiendo. Te dijeron que yo era un mal hombre..., que era un viejo de malas costumbres, ¿a que sí? (*Ríe.*) Que era un viejo que no se resignaba a serlo y que todavía trataba de procurarme diversiones. Te dirían que trataba de divertirme con chicas jóvenes... Que andaba detrás de las criadas y que no perdonaría ni a la mujer de mi hijo... ¿Te dijeron eso? Me conozco a la gente del pueblo... Me sé sus mañas y sus envidias de siempre... No me perdonan que esté fuerte y que tenga dinero..., el dinero que yo me he ganado con estos puños trabajando como una bestia. ¿Y qué más? ¿Qué más te han dicho? Que durante la guerra fui cruel y que hicimos barbaridades en los pueblos de la comarca... Que asaltamos trenes y pusimos bombas... Que matamos a mucha gente... ¿Y quién te ha dicho eso? Algún cobarde que se estaba en su casa mientras ocurrían todas estas cosas..., mientras los demás luchábamos por su libertad y por la dignidad que él no tenía...

LUISA. Se equivoca. Nadie me ha hablado de usted antes de venir a esta casa.

ISAÍAS. ¿Te crees que no sé lo que se dice en el pueblo de mí?

LUISA. Yo nunca he hecho caso de lo que se dice en el pueblo. Yo hubiera podido llevarme bien con usted a pesar de las cosas que he podido oír en el pueblo... de las cosas que he oído, aunque nadie me las haya dicho.

ISAÍAS. Todos lo cuentan como si otro lo dijera. Me tienen miedo. Me atacan desde la oscuridad. Son una raza de reptiles blandos y pegajosos, una raza de cobardes.

LUISA. Hay quienes hablan bien de usted. Hay quienes lo admiran.

ISAÍAS. Los viejos compañeros de la resistencia, los de la partida; ya lo sé. Aquéllos fueron unos buenos días que ninguno podremos olvidar. (*Luisa hace un gesto de fatiga y de calor. Se desabrocha un botón de la blusa y se pasa la mano por la frente.*) Tienes mucho calor, ¿verdad?

LUISA. Sí. Hace mucho calor. Si corriera un poco de viento... Pero así es insufrible.

ISAÍAS. Esta casa sigue siendo un horno en el verano. No he conseguido nada rodeándola de árboles. Siento que tengas tanto calor, Luisa..., aunque te sienta bien... (*Se acerca a ella.*) Te sienta bien... este calor...

> (*Luisa lo ve acercarse con repugnancia. Aparece Juan en la puerta.*)

JUAN. Si quieres, Luisa, podemos irnos a dormir.

> (*Isaías se vuelve hacia su hijo.*)

ISAÍAS. ¿Ya os vais?
LUISA. (*Se levanta.*) Sí. Mañana hay que levantarse temprano.

> (*Va junto a Juan.*)

JUAN. Buenas noches, padre.
ISAÍAS. Adiós, hijos. Buenas noches. (*Luisa y Juan salen. Isaías Krappo queda solo. Vuelve a tomar la pipa, risueño. La enciende. Va a un armarito y saca una botella de licor. Bebe. Canturrea una canción. Se desabrocha la camisa y se pasa un pañuelo por la cara. Sigue canturreando. Toma otra copa. Suenan unos golpes fuertes en la puerta de la calle. Isaías los escucha extrañado. Vuelven a sonar los golpes.*) ¡Andrea! ¡Ve a abrir!

> (*Un silencio. Entra Andrea.*)

ANDREA. Es un señor que pregunta por usted.
ISAÍAS. ¿Un señor? ¿Quién?
ANDREA. No lo conozco. No es del pueblo ni ha venido nunca por aquí.
ISAÍAS. ¿Y qué quiere a estas horas?
ANDREA. Dice que quiere hablar con usted.

ISAÍAS. (*Se encoge de hombros.*) No comprendo quién puede ser. Dile que pase. (*Andrea sale y vuelve al poco con un hombre delgado, pálido, de ojos inquietos y extraviados. Isaías le observa y frunce el ceño.*) ¿Qué quiere usted? ¿Qué busca a estas horas?

EL FORASTERO. Es..., es usted Isaías Krappo, ¿verdad?

ISAÍAS. Sí.

EL FORASTERO. Quería..., quería hablar con usted.

ISAÍAS. ¿No ha podido esperar hasta mañana?

EL FORASTERO. Es que..., acabo de llegar. Tengo el coche en la carretera. He estado rodando siete horas por esos caminos hasta llegar aquí. Estoy muy cansado.

ISAÍAS. Usted me explicará si puede... o si quiere...

EL FORASTERO. Desde hace tiempo tenía interés en hablar con usted. Pero no ha podido ser hasta ahora.

ISAÍAS. ¿Por qué razón?

EL FORASTERO. He estado... (*Trata de sonreír.*), he estado sin salir durante algún tiempo... He estado... en la cárcel, por decirlo de una vez. Esta mañana, a primera hora, me han soltado. Después de, ¿sabe usted?, después de tres largos años, tres largos años, ¿se da cuenta? He estado tres años sin hablar con nadie, pensando, esperando el momento de salir para darme una vuelta por estos pueblos, que para mí tienen ciertos recuerdos... aterradores. ¿Me permite sentarme? Estoy como mareado.

ISAÍAS. Siéntese.

EL FORASTERO. Usted se habrá dado cuenta de mi caso. Sufro mucho con los nervios y no puedo dormir. Así que estoy enfermo y... desesperado... No sé lo que voy a hacer. Espero tranquilizarme cuando haga... lo que pretendo hacer; cuando mate a un hombre que no merece vivir... (*Parece que le falta la respiración.*) en esta tierra... quiero decir... en el mundo.

ISAÍAS. ¿De qué me está hablando? ¿Está loco o qué le ocurre?

EL FORASTERO. Quizá esté volviéndome loco. Ha sido demasiado para mí. Y ahora me es imposible dormir. No puedo descansar.

ISAÍAS. (*Que empieza a divertirse con la situación.*) ¿Y qué tengo yo que ver en todo esto? Si usted quiere decírmelo.

EL FORASTERO. Es difícil hablar de ciertas cosas. Usted ya se habrá figurado por qué he estado en la cárcel... desde hace tres años..., desde que terminó la guerra justamente.

ISAÍAS. Supongo que colaboró amigablemente con las fuerzas de ocupación.

EL FORASTERO. Exacto. Colaboré... amigablemente. Por eso estuvieron a punto de matarme. Me condenaron a muerte. Luego hubo personas que se interesaron por mí y he estado en una celda tres años, tres largos años, como le digo; tres años que han destrozado mis nervios por completo. Pero lo peor ya me había ocurrido antes, durante la guerra. Puede que usted sepa algo de aquello; por eso he venido a hablar con usted. Es lo primero que hago después de salir de la cárcel. Venir a hablar con usted. Usted puede que sepa...

ISAÍAS. ¿Cómo ha sabido mi nombre?

EL FORASTERO. ¿Su nombre? No lo he olvidado. No podía olvidarlo, naturalmente.

ISAÍAS. ¿Lo recordaba... de la guerra?

EL FORASTERO. Sí.

ISAÍAS. (*Que está poniéndose nervioso.*) Hable de una vez. Hable de una vez, si quiere.

EL FORASTERO. (*Lo mira, imperturbable.*) Le hablaba de algo muy doloroso..., de algo que me ocurrió durante la guerra... en estos alrededores; a cinco kilómetros del pueblo, aproximadamente. Lo recuerdo como si hubiera ocurrido ayer. Fue una cosa tan terrible, que no he podido olvidarla. Y recuerdo hasta las caras de los que intervinieron.

ISAÍAS. Continúe.

EL FORASTERO. Ibamos en dos coches. En el primero iba yo con... con una importante personalidad del... sí, del ejército de ocupación... En el otro iban nuestras mujeres y mi hija..., mi hija de doce años... Fuimos asaltados, a unos cinco kilómetros de este pueblo, como le digo, por una partida de la resistencia..., de patriotas..., de los que nosotros llamábamos terroristas... Por la partida de Isaías Krappo...

ISAÍAS. ¿Está seguro? Yo no recuerdo nada. No sé de qué me está hablando.

EL FORASTERO. Las mujeres quedaron en poder de... de los patriotas... El general que iba conmigo recibió un balazo en el pecho y murió dos horas después. En el momento del ataque traté de ir en auxilio de las mujeres, pero el conductor no tenía otra idea que salir del círculo de fuego. Y lo consiguió. Sólo él y yo quedamos a salvo. Unos días después aparecieron los cadáveres de las mujeres y de la niña en un barranco. Estábamos preparando una expedición de castigo, pero ya no nos dio tiempo. La expedición quedó aplazada, y ahora he venido yo.

ISAÍAS. ¿A qué ha venido?

EL FORASTERO. A hacer justicia.

ISAÍAS. ¿A buscar al que mató a su mujer y a su hija?

EL FORASTERO. A ése ya lo he encontrado.

ISAÍAS. (*Ríe.*) ¿Piensa que fui yo?

EL FORASTERO. No se ría. Sé que fue usted. Es curioso. Cuando venía hacia aquí me figuraba que no podría estar tranquilo ante Isaías Krappo. Me figuraba que trataría de abalanzarme sobre él y matarlo. Pero ahora estoy aquí y veo que ésa no sería la solución. Y se me ocurren... (*Sonríe extraviadamente.*) las más distintas y extraordinarias venganzas.

ISAÍAS. Todo eso es una especie de delirio suyo. No recuerdo nada de lo que dice. No tengo nada que temer.

EL FORASTERO. Lo veremos.

ISAÍAS. Ahora márchese de mi casa.

EL FORASTERO. Me iré tranquilamente, sin apresurarme..., si usted me lo permite. Y usted me lo permitirá, porque no le conviene, de ningún modo le conviene, despedirme de mala forma. Usted ya sabe lo que ocurre. Tiene un mal enemigo vivo, desesperado y libre..., completamente libre, por fin... Puede que esto llegue a quitarle el sueño. No le prometo, amigo Krappo, no le prometo que usted vaya a vivir aún muchos años... Y hasta es posible que muera de mala forma y que sus últimos días sean bastante desagradables...

ISAÍAS. (*Con voz metálica.*) Márchese, márchese de aquí.

EL FORASTERO. A mí no me importa ya morir, ¿ve usted? Y, sin embargo, usted desea, fervientemente lo desea, vivir muchos años... Se dará cuenta de cuál de los dos es el que va a sufrir de aquí en adelante... (*Ríe nerviosamente.*) Es hasta divertido pensarlo... Y ahora me retiro, señor. Esta noche puede dormir, se lo permito. (*Ríe.*) Buenas noches.

> (*Se va. En cuanto ha salido, Isaías se levanta y va a un armarito, del que saca una pistola. La monta y sale rápidamente. Un silencio. Llega Luisa, en bata. Busca un tubo de comprimidos en un mueble, y se toma uno con un vaso de agua. Se asoma distraídamente a un ventanal. Suena, fuera, un disparo. Luisa, inquieta, trata de ver qué ha ocurrido. De pronto grita hacia fuera.*)

LUISA. ¿Eh? ¿Usted? (*Deja la ventana y va hacia la puerta en el momento en que entra Isaías.*) ¿Qué ha hecho? ¿Qué es lo que ha hecho?

ISAÍAS. ¡Calla! ¡Calla! Yo no he hecho nada. Tú no has visto nada. ¡O te mato! ¿Qué haces aquí a estas horas? ¡Vete a dormir! ¡Silencio! ¡Tú no has visto nada! ¡Vete a dormir!

> (*Luisa, asustadísima, se retira. Isaías apaga la luz y va junto a la ventana. Vemos su silueta sobre el fondo del cielo. Enciende su pipa. Va haciéndose el*

OSCURO

CUADRO SEGUNDO

El mismo escenario. Al día siguiente por la mañana.

(Isaías, sentado, desayuna. Jandro, desde el ventanal, mira al exterior.)

ISAÍAS.   ¿Vienen hacia aquí?

JANDRO.   Sí.

ISAÍAS.   ¿Cuántos son?

JANDRO.   Dos. Uno, de uniforme.

ISAÍAS.   Es la Policía. Vendrán a ver si nosotros sabemos algo. ¿Tú oíste algún disparo?

JANDRO.   No. Yo no oí nada. Me he enterado cuando Andrea ha venido diciéndolo esta mañana. Madre tampoco ha oído nada. Ni Teo. Es muy raro eso, ¿no le parece, padre? A ver si lo han traído ya muerto y lo han dejado tirado ahí. Podría ser, ¿verdad, padre?

ISAÍAS.   *(Se encoge de hombros.)* Cualquiera sabe. Cualquiera sabe lo que ha ocurrido. ¿Y Teo y Juan?

JANDRO.   Han ido al campo. No iban a abandonar su trabajo por esto. Si me dejas, yo también quiero ir. No voy a perder una mañana.

ISAÍAS.   No. Tú quédate hoy. Puedes hacer falta aquí.

(Entra Andrea.)

147

ANDREA. (*Que parece nerviosa.*) Quieren hablar con usted... los de la Policía.

ISAÍAS.   Que pasen, que pasen.

> (*Sale Andrea. Isaías sigue desayunando tranquilamente. Andrea vuelve con el Comisario Roch y un agente. Ella se retira.*)

COMISARIO.   Buenos días.

ISAÍAS.   (*Desayunando.*) Buenos días. Pase. Siéntese si quiere.

COMISARIO.   El señor Isaías Krappo, ¿verdad?

ISAÍAS.   Sí.

COMISARIO.   Soy el comisario Adolfo Roch, del Departamento Provincial.

ISAÍAS.   Tengo mucho gusto en conocerle.

COMISARIO.   (*Al agente.*) Espere usted fuera. (*El agente sale.*) Le supongo enterado de lo ocurrido.

ISAÍAS.   Ha sido una criada nuestra la que ha descubierto el... el cuerpo.

COMISARIO.   El cadáver, quiere usted decir.

ISAÍAS.   La criada ha venido diciendo que había un hombre muerto cerca de la carretera..., pero yo he pensado que podía no estar muerto.

COMISARIO.   Sí, lo está. (*Por Jandro.*) ¿Es hijo suyo?

ISAÍAS.   Sí.

COMISARIO.   No es completamente preciso que ahora esté con nosotros. En otro momento hablaré con él.

ISAÍAS.   Jandro, ya lo oyes. Vete a dar una vuelta. Pero que no se te ocurra acercarte a... a "eso".

COMISARIO.   No le dejarán acercarse. No se preocupe.

ISAÍAS.   Anda.

> (*Jandro sale. Un silencio.*)

COMISARIO.   ¿Puede usted ayudarnos en algo?

ISAÍAS.   Mucho me temo que no.

COMISARIO.   ¿No ha oído un disparo durante la noche?

Isaías. No. No he oído absolutamente nada. Estuve aquí, en esta habitación, hasta bastante tarde.

Comisario. ¿Hasta qué hora?

Isaías. Puede que hasta media noche. Estuve tomando unas copas de coñac y me quedé adormilado en esta butaca. Cuando me desperté, debería ser..., sí, cerca de las doce. Entonces me fui a acostar. Cuando esta mañana me he despertado, he tenido la primera noticia del... del extraño suceso.

Comisario. ¿Quiénes más viven en la casa?

Isaías. Mi mujer y mis tres hijos..., y la mujer de mi hijo el mayor... Dos criadas y un criado que no duerme en la casa.

Comisario. ¿Dónde duerme?

Isaías. En el pueblo.

Comisario. ¿A qué distancia está el pueblo de la casa?

Isaías. A unos... seiscientos metros.

Comisario. ¿De aquí al pueblo no hay ninguna vivienda... alguna cabaña...?

Isaías. No. Nada. Estamos un poco aislados, ésa es la verdad. A las mujeres, a veces, les da miedo. Sobre todo en invierno.

Comisario. (*Saca un paquete de cigarrillos.*) ¿Quiere usted?

Isaías. No, gracias. Fumaré en mi pipa. (*Carga la pipa.*) Es un poco raro todo esto, ¿no le parece? Ninguno en la casa, que yo sepa, ha oído el disparo de que usted habla.

Comisario. ¿Usted fue el último en acostarse?

Isaías. Sí.

Comisario. Hay que suponer, entonces, que todos estarían dormidos cuando sonó.

Isaías. Pero un disparo... a esa distancia... ¿No piensa usted que pueden haberlo traído ya muerto? Esa idea se nos ha ocurrido a mi hijo y a mí cuando él me decía hace un momento que tampoco había oído nada.

Comisario. Habría que suponer entonces que alguien trajo el cadáver en el coche, y que abandonó aquí ambas cosas para marcharse, ¿por dónde?, ¿adónde?

Isaías. ¿Qué voy a decirle? Ha sido una suposición sin ningún fundamento... Nos parecía inexplicable no haber oído el disparo.

Comisario. No es eso lo más inexplicable. Un disparo de una pistola de 6,35 difícilmente puede despertar a una persona a la distancia que hay de la carretera a aquí.

Isaías. ¡Ah! ¿Ha sido con una pistola pequeña?

Comisario. Sí. Una diminuta bala perfectamente colocada en el corazón. Una obra maestra. Un magnífico tiro por la espalda. ¿Tiene usted fuego? Se me han terminado las cerillas. (*Isaías le enciende el cigarrillo.*) Tiene usted un magnífico pulso para su edad..., y más teniendo en cuenta que en estos momentos está usted siendo sometido (*Sonríe.*) a un interrogatorio policíaco.

Isaías. Estoy acostumbrado a los interrogatorios policíacos, comisario Roch. Y verdaderamente ninguno ha sido tan benévolo como éste. Fui uno de los jefes del ejército de la Resistencia en esta comarca, y más de una vez caí en poder de la Policía. No tengo que decirle que me trataron con la mínima amabilidad.

Comisario. No hay que confundir a la Policía con aquella organización de terrorismo.

Isaías. Ellos se llamaban Policía.

Comisario. Ya lo sé. Yo también tuve que sufrirlos en el Norte. Servía de enlace entre la capital y los grupos de la costa. Fui capturado una sola vez, pero me bastó. Me pegaron fuerte. Después de la guerra tuvieron que hacerme... una delicada operación. Y me ha quedado un bonito recuerdo de aquellos "policías": la falta de un pulmón. Como comprenderá, no siento un gran afecto por aquella gente.

Isaías. Yo los odiaba con todo mi corazón. Me repugnaban sin saber por qué.

Comisario. Era mala gente. (*Un silencio.*) ¿Sabe que el muerto era uno de ellos?

ISAÍAS. ¿Cómo?

COMISARIO. (*Sonríe.*) Esta vez el cadáver llevaba documentación.

ISAÍAS. ¿Qué clase de documentación?

COMISARIO. Hace menos de veinticuatro horas que había salido de la cárcel.

ISAÍAS. ¿Había pertenecido a las Milicias?

COMISARIO. Tuvo un cargo más importante. Un cargo militar.

ISAÍAS. No me extraña que lo hayan matado en esta tierra. Ahora no me extraña. Esa gente no tiene ningunas simpatías por aquí. Hicieron tres operaciones de castigo bastante importantes en la comarca. Mataban a las mujeres y a los niños. Les daba igual. Ha podido matarlo cualquiera..., cualquiera del pueblo o de los alrededores. Pero ¿qué vendría a buscar aquí? ¿La muerte? ¿Vendría a suicidarse? No me lo explico. Puede que fuera un desesperado... Que tuviera remordimientos... Y que haya venido a buscar el castigo de mano de sus víctimas. Esta fue una de las comarcas más castigadas, comisario Roch, y los campesinos tienen buena memoria.

COMISARIO. ¿Piensa usted que puede haberlo matado cualquiera?

ISAÍAS. Conozco a la gente de esta tierra. Somos rencorosos y vengativos. Si el hombre ha querido matarse, no le habrá sido difícil. Bastaba con que se presentara en una casa cualquiera, en una casa honrada y pacífica, diciendo que él, en aquellos momentos terribles para nosotros, estaba con los que incendiaban nuestras casas y con los que ametrallaban a nuestros hijos.

COMISARIO. ¿Piensa usted que cualquiera..., usted mismo...?

ISAÍAS. Yo soy un viejo, y probablemente no hubiera sido capaz de matarlo; pero hubiera visto con gusto que cualquiera de mis hijos lo hacía.

COMISARIO. Sin embargo, no hubo ocasión, ya que este hombre no vino a la casa. ¿Es así?

ISAÍAS. La primera noticia que hemos tenido de él ha sido la de su muerte, comisario.

COMISARIO. Lo lamento, pero esta maldita historia va a causarles de ahora en adelante ciertas molestias. Tendrán que responder a los interrogatorios y aguantar por algún tiempo nuestras inconveniencias.

ISAÍAS. Estamos a disposición de ustedes. Lo que siento es que tengan que hacer todo ese trabajo para encontrar al... al "asesino" de un tipo como ése. Debería estar permitido matar a esos tipos como si fueran perros.

COMISARIO. (*Mueve la cabeza.*) Este hombre había cumplido su condena, y no hay otro remedio que considerarlo, a todos los efectos, un ciudadano respetable... (*Entra Luisa. Se sorprende de ver al Comisario, y trata de retirarse.*) Eh, señorita. No se vaya. (*A Isaías.*) ¿Quién es?

ISAÍAS. La mujer de mi hijo el mayor. (*Luisa vuelve como espantada.*) Es el comisario Roch, Luisa. Está encargado de investigar el crimen de esta noche.

COMISARIO. Tengo mucho gusto en conocerla, señora. (*Luisa hace una torpe inclinación de cabeza.*) Usted querrá decirme seguramente si oyó anoche algún disparo.

LUISA. ¿Si oí...?

COMISARIO. Un disparo durante la noche. (*Un silencio. Isaías espera la respuesta con los músculos de la cara en tensión.*) Trate de recordar. ¿Oyó un disparo?

LUISA. Sí.

COMISARIO. ¿Sobre qué hora?

ISAÍAS. ¿Que oíste un disparo, Luisa? ¿Y cómo me dijiste antes a mí que no? ¿Por qué me lo ocultaste? No tiene ninguna importancia; pero ¿por qué vas a ocultar una cosa así? ¿Tienes algo que temer? No. Pues entonces...

LUISA. Es que... no estaba muy segura. Pensaba que lo habría oído en sueños. Luego lo he pensado mejor y me he dado cuenta de que oí de verdad un disparo...

COMISARIO.   ¿Sobre qué hora?

LUISA.   (*Nerviosa.*) No lo sé. ¿Cómo voy a saberlo? No miré el reloj. Me asustó oírlo y me escondí entre las sábanas. Luego me dormí.

COMISARIO.   Está bien. Si me lo permiten, voy a dar un paseo por los alrededores de la casa. Tengo que cumplir con la rutina del oficio. Pero antes quisiera hablar un momento con su mujer.

ISAÍAS.   Estará a la espalda de la casa, a la sombra. ¿Quiere que lo acompañen?

COMISARIO.   No. No es preciso. Hasta luego.

(*Sale. Isaías se acerca rápidamente a Luisa y en voz baja, casi en un susurro, le dice.*)

ISAÍAS.   ¡Idiota! Has estado a punto de estropearlo todo. ¿Qué te ocurría?

LUISA.   Estoy muy nerviosa. No puedo dominar los nervios.

ISAÍAS.   (*Habla rápido, animadamente.*) Ya no estás nerviosa. No puedes estarlo. No tienes nada que temer. He tenido razón al hacerlo, ¿sabes? Ya hablaremos de esto. Tiene que quedar entre nosotros. Andrea sabe que el hombre estuvo aquí, en la casa. ¿Tú no lo sabías? Sí, estuvo aquí y me amenazó de muerte. Pero Andrea no va a decir nada. Es buena amiga mía, y le hago regalos en secreto de vez en cuando... No me mires así. No tienes que mirarme así. No soy un monstruo; soy un pobre viejo que os quiere... y que se sacrifica por vosotros... No le digas nada a Juan. A él menos que a nadie. Se moriría de dolor. Me quiere mucho el pobre. No le digas nada. Ahora voy a hablar otra vez con Andrea. Es una buena chica, pero torpe. Hasta luego, Luisa. Ánimo. (*Guiña un ojo.*) La cosa no es para tanto. Verás cómo dentro de un mes nos reímos de estas preocupaciones. Ánimo, Luisa. Hasta luego.

(*Luisa queda sola. Rompe a llorar nerviosamente.*)

OSCURO

CUADRO TERCERO

El dormitorio de Luisa y Juan.

(Luisa, sentada en la cama, lee un periódico. Entra Juan. Luisa se sobresalta.)

Juan.   ¿Qué te pasa?

Luisa.   Me has asustado. Estaba leyendo lo del crimen, y como has abierto la puerta de pronto...

Juan.   ¿Qué estabas leyendo?

Luisa.   Lo del crimen.

Juan.   ¿Qué dice el periódico?

Luisa.   Dice que todos los diarios del país "han recogido ampliamente este suceso".

Juan.   ¿Y qué más?

Luisa.   Que "al cabo de cinco días de investigaciones... *(Lee.)* el misterio sigue siendo tan impenetrable como el primer día". No han encontrado nada.

Juan.   He oído que como el terreno estaba seco, no han podido encontrar huellas. Por lo visto, los policías, si no encuentran huellas, no pueden descubrir nada. Y tampoco han encontrado la pistola. ¿Habla hoy de nosotros el periódico?

Luisa.   Sí. Hoy también. Y ya podían dejarnos en paz.

JUAN. Déjalos. Eso no molesta. ¡Como no tenemos nada que temer...!

(Un silencio.)

LUISA. Están buscando al criminal por toda la comarca.

JUAN. Me han dicho en el pueblo lo que piensa la Policía. Que el criminal o los criminales venían en el coche con él. Que le dieron el tiro antes de llegar, un poco antes de llegar al sitio en que paró el coche, de manera que tú pudiste oír un disparo...; yo no oí nada... Que se bajaron del coche y atravesaron el bosque hasta la carretera general, donde tendrían otro coche preparado para huir. Pero ¿qué motivos tenían para matarlo? De eso no se sabe nada.

LUISA. No. No se sabe nada. Verdaderamente, no se sabe nada.

JUAN. ¿Qué quieres decir, Luisa? Has puesto cara de mucho misterio. ¿Es que sabes tú algo? La verdad es que vengo notándote un poco rara desde que ocurrió lo del crimen. ¿Sabes algo tú? Todo lo demás en la casa sigue igual, menos tú. ¿Es que sabes algo?

LUISA. No, Juan. Nada.

JUAN. No me vas a ocultar a mí una cosa, ¿verdad, Luisa? No me la vas a ocultar.

LUISA. No.

JUAN. Es que si algún día me ocultaras algo, no te podría perdonar. Es lo único que no te perdonaría. Siempre te lo he dicho.

LUISA. *(Nerviosa.)* Está bien, está bien. Ya te he oído. ¿Quieres dejarme en paz?

JUAN. Tampoco quiero que te enfades. Perdóname.

LUISA. *(Lo mira con ternura.)* Pero si no me he enfadado contigo, Juan. ¿Cómo voy a enfadarme contigo?

JUAN. *(Sonríe, y pide con una terquedad infantil.)* Entonces, cuéntame lo que sea.

LUISA. ¿De verdad quieres saberlo todo?

JUAN. Sí.

LUISA. Todavía estás a tiempo, Juan. Tu padre me dijo que esto sería un gran dolor para ti; que te morirías de dolor.

JUAN. ¿Qué es?

LUISA. Tengo miedo de hablar.

JUAN. No tengas miedo. Habla.

LUISA. Sé que voy a hacerte mucho daño, pero soy egoísta y no puedo llevar esta carga yo sola. (*Con lágrimas en los ojos.*) Ayúdame.

JUAN. Aquí estoy yo para eso, Luisa. No tengo otra cosa que hacer en el mundo.

LUISA. Es sobre el crimen, Juan.

JUAN. Di.

LUISA. No fueron unos criminales que vinieron en un coche y que dejaron ahí al hombre muerto. El hombre vino solo y estuvo en esta casa.

JUAN. ¿Que estuvo en la casa?

LUISA. (*Asiente.*) Y, cuando volvía hacia el coche, fue tu padre quien lo mató.

JUAN. (*Con los ojos muy abiertos, en voz muy baja y medrosa.*) ¿Cómo sabes eso?

LUISA. Porque lo vi.

JUAN. ¿Cómo pudiste verlo?

LUISA. No podía dormir y bajé a tomar un comprimido. Tú no te diste cuenta de nada. Estabas durmiendo.

JUAN. ¿Desde dónde lo viste?

LUISA. Desde el ventanal de abajo.

JUAN. ¿Mi padre lo mató?

LUISA. Sí. Él fue.

JUAN. Pero ¿cómo es posible? ¿Quién era ese hombre?

LUISA. No lo sé.

JUAN. Luisa, es terrible lo que me has contado. Es terrible. (*Se estremece y tiembla visiblemente.*) Es terrible lo que me has contado.

LUISA. (*Lo mira asustada.*) Por eso no me atrevía, Juan.

JUAN. Mi padre no es un asesino, Luisa. Durante la guerra luchó como todos; pero no es un asesino.

LUISA. Ya lo sé, Juan.

JUAN. Tiene mal carácter; todo lo que tú quieras. Pero no es un criminal.

LUISA. Claro. Algo debió pasarle aquella noche para hacer lo que hizo.

JUAN. Sí. Debió ser como un ataque. Como un ataque de locura.

LUISA. Tu padre me dijo que ese hombre lo había amenazado de muerte.

JUAN. Entonces es que tuvo miedo. Tuvo un enorme miedo y lo mató para defenderse del miedo... En un momento de locura. Hay que perdonárselo. Yo se lo perdono a mi padre. Para mí no es un criminal. ¿Y para ti, Luisa? (*Luisa guarda silencio.*) Hacía calor —mi madre siempre lo dice: que los días de calor son malos...— y mi padre estaba nervioso... ¿Tú qué piensas? (*Luisa guarda silencio.*) Ya veo que tú no se lo vas a perdonar, Luisa. ¡Y sin embargo, hay que perdonarle, hay que perdonárselo todo a mi padre! Es muy viejo y tenemos que ser buenos con él en estos momentos.

LUISA. Yo no quiero hacerte más daño, Juan; pero tu padre ha matado a un hombre, le ha dado un tiro por la espalda, lo ha dejado muerto en el campo y ha vuelto a la casa tranquilo y casi alegre. Y está entre nosotros, y hace sus trabajos de cada día como un hombre honrado cualquiera. Y mientras tanto, están buscando a un criminal por toda la comarca y la Policía habrá pegado ya a más de un vagabundo inocente para que hable de algo que no sabe... Hay que tener en cuenta todo esto, Juan.

JUAN. Yo no puedo tenerlo en cuenta. Yo no puedo. ¿Y Teo? ¿Qué sabe él? ¿Sabe algo?

LUISA. No. Sólo Andrea lo sabe.

JUAN. ¿Por qué Andrea?

LUISA. Porque fue la que abrió la puerta a ese hombre.

JUAN. Hay que decírselo a Teo.

Luisa.   ¿Y vamos a saberlo todos en la casa?

Juan.   Sí, es mejor. Por lo menos, mi hermano Teo tiene que saberlo. No me sirve que lo sepas tú, porque tú no eres su hija.

Luisa.   Si lo sabemos todos, la situación va a ser más difícil de soportar.

Juan.   Teo tiene que saberlo. Dile que venga.

(Luisa sale. Juan pasea nerviosamente. Lía un cigarrillo. Vuelve Luisa.)

Luisa.   Ahora viene.

Juan.   Compréndelo, Luisa. Teo tiene que saberlo.

Luisa.   Lo que tú quieras. Pero si tu padre supiera que lo he contado..., creo que me mataría.

Juan.   No, Luisa. No te preocupes. No lo sabrá. *(Entra Teo.)* ¡Teo!

Teo.   ¿Qué quieres?

Juan.   Tengo que contarte algo terrible para nosotros, algo que no quisiera tener que decirte.

Luisa.   No hables tan alto. Nos puede oír.

Juan.   *(Baja la voz.)* Es sobre nuestro padre.

Teo.   Tú dirás.

Juan.   Nuestro padre es el criminal que andan buscando.

(Espera la reacción de Teo, pero Teo está tranquilo.)

Teo.   *(Dice simplemente.)* Me lo figuraba.

Juan.   ¿Cómo? ¿Que te figurabas...?

Teo.   *(Tranquilo.)* Sí.

Juan.   ¿Por qué? ¿Cómo podías figurarte...?

Teo.   Me había enterado por unos viejos compañeros suyos de la partida de quién era el muerto.

Juan.   ¿Quién era?

Teo.   *(Sonríe de un modo un poco cínico.)* Nuestro querido padre había matado a su mujer y a su hija durante la guerra. Esto no lo sabe la Policía ni nadie está dispuesto a decírselo. El pueblo está lleno de cóm-

— NOTA PREVIA —

Empecé "Escuadra hacia la muerte" en diciembre de 1951. El último día de mayo de 1952 he terminado el drama. Durante este tiempo la política internacional ha mantenido su tensión. La guerra — en sus modalidades, frías y de nervios — continúa. Vivimos en la amenaza de una nueva catástrofe. Europa, en este panorama, no es más que una tierra de confusión y un probable campo de batalla. Los jóvenes europeos, en general, no formamos en las filas stalinistas ni norteamericanistas. Y sin embargo esos son los dos únicos polos de la tensión internacional. No vale, ahora, soñar vagamente con una Europa unida y con el enrolamiento en esa fantasmal tercera fuerza. ~~...~~ Entre dos fuegos, la juventud europea trabaja. Aprende oficios, hace oposiciones, prepara cátedras. ¿Qué sentido tiene todo e[...]

Página manuscrita de la "Nota previa" que Sastre escribió para el estreno de *Escuadra hacia la muerte.*
(Continúa en la siguiente página)

bajo la amenaza de una guerra? En "Escuadra hacia la muerte" no se dan respuestas, pero, al menos, se bucea en las raíces de las trágicas preguntas. El drama no tiene por qué dar más. Cuando cae el telón, toca hablar a la Sociología y a la Metafísica. Si el drama es bueno, el pensamiento — eso sí — ~~será~~ surgirá justificado.

A. S.

Madrid y Junio de 1952

Final de la "Nota previa" escrita por Alfonso Sastre
para el estreno de *Escuadra hacia la muerte*

plices de nuestro padre, y difícilmente podrán atraparlo, a no ser que alguno de nosotros hable.

JUAN.   ¿Que mató...? ¿Has dicho que mató...?

TEO.   (*Asiente.*) Las cogieron en un asalto a unos coches oficiales. Las encerraron en un cobertizo, y nuestro padre esa noche fue borracho al cobertizo y trató de forzar a la mujer. ¿Te figuras a nuestro padre en esa bonita escena? La niña empezó a gritar y nuestro padre tuvo una de sus furias. Mató a la niña para que no le estorbara, y después a la mujer para que no pudiera contarlo... Se echó la culpa a algún incontrolado, como decían entonces..., y no pasó nada. Ese hombre venía a vengarse.

JUAN.   Pero todo eso es un horror, Teo.

TEO.   ¿Tú no sabías que el padre había hecho... algunos horrores durante la guerra?

JUAN.   Nosotros no lo veíamos durante meses, y nadie se atrevía a contarnos nada.

TEO.   Pues ése es nuestro padre; una especie de demonio que nos atormenta.

(*Un silencio.*)

JUAN.   Tú no quieres nada al padre, ¿verdad?

TEO.   No.

JUAN.   ¿Le odias?

TEO.   (*Con una mirada vidriosa.*) Creo que sí.

JUAN.   ¿Por qué?

TEO.   (*Vagamente.*) Seguramente tengo una serie de razones.

JUAN.   Di alguna.

TEO.   Trata mal a nuestra madre. No puedo sufrir el tono en que le habla.

JUAN.   ¿Es eso sólo?

TEO.   Eso tiene gran importancia. La humilla delante de todos nosotros. No la quiere.

JUAN.   Y, además, ¿qué?

TEO.   (*Baja la vista.*) No he podido olvidar lo que me hizo cuando yo quería a Julia.

JUAN. ¿Qué te hizo?

TEO. Me puso en ridículo delante de ella. Se divirtió conmigo. Cuando quise replicarle, me pegó... No me atreví a verla nunca más. Me trató muy cruelmente, recreándose en torturarme, en... (Irónicamente.), en lucirse a mi costa delante de ella. ¡El asqueroso viejo! Y yo no supe defenderme.

JUAN. No hables así del padre, Teo.

TEO. No puedo hablar de otro modo. Sé que es un pecado, pero odio a mi padre con todo mi corazón.

LUISA. (Con una voz apenada.) ¿Tanto la querías, Teo?

TEO. (Con la cabeza muy baja, como avergonzado.) Sí. Mucho.

(Un silencio.)

JUAN. ¡No habrás pensado... delatar al padre!

TEO. No. Y no porque aún me quede un poco de amor por él; podéis estar seguros.

JUAN. Entonces, ¿por qué?

TEO. Porque le tengo miedo. Porque nada más verlo, estoy temblando como una mujer. Porque sé que si él se enterara de que lo había delatado y pudiera tenerme un solo momento a su alcance, me estrangularía. Tengo mucho miedo a nuestro padre, Juan. (Amargamente.) Y no debería ser así, ¿verdad? No debería ser así. (Se levanta.) Me bajo. Si padre supiera que estoy aquí con vosotros, podría sospechar algo. Buenas noches.

LUISA. Buenas noches, Teo. (Le abre la puerta. Teo sale. Juan queda pensativo. Un silencio.) ¿En qué piensas, Juan? No pienses en nada ahora. Trata de dormir.

JUAN. Es que...

LUISA. (Dulcemente.) Vamos, échate, como si fueras a dormir...

(Juan se echa.)

JUAN. Pienso en Teo, en el padre, en las cosas que nos han ocurrido y en las que todavía nos van a ocurrir. Y me da angustia.

LUISA. ¿Te callarás, Juan?

JUAN. En las cosas que nos han ocurrido...

LUISA. Calla...

JUAN. En las cosas...

(Va haciéndose el

OSCURO

CUADRO CUARTO

El escenario de los dos primeros cuadros.

(Jandro lee en voz alta un periódico a su madre.)

JANDRO. "Lo cierto es que a los siete días del crimen no se ha descubierto prácticamente nada. Entramos en la segunda semana con la esperanza de que la Policía acometa seriamente la tarea de descubrir al asesino." *(Levanta la cabeza del periódico.)* Así termina el artículo. *(Antonia mueve la cabeza pensativamente. Jandro deja el periódico.)* Esta noche hace más calor que nunca, ¿verdad, madre?

ANTONIA. Sí. Es calor de tormenta. A ver si estalla de una vez. Nos quedaremos más tranquilos, ya verás, en cuanto estalle la tormenta y llueva en los campos. ¿Y no dice nada más?

JANDRO. ¿Qué?

ANTONIA. Que si no dice nada más el periódico.

JANDRO. No.

ANTONIA. Todo sigue igual entonces. No adelantan nada. ¿Qué piensas tú del crimen, Jandro?

JANDRO. Que tarde o temprano descubrirán al criminal... *(Ha entrado Isaías Krappo, que escucha las últimas palabras de Jandro.)* Y que entonces deberían col-

garlo en la plaza del pueblo para dar ejemplo y que
nadie se atreviera ya a hacer un crimen como éste.

ISAÍAS.   ¿Y qué más, hijo mío?

JANDRO.   (*Se vuelve y ve a su padre.*) Buenas noches,
padre.

ISAÍAS.   ¿Y qué más? ¿Qué más harías con el horrible asesino, Jandro? Ya veo que tienes unos sentimien-
tos muy justicieros, aunque poco..., poco misericordio-
sos... ¿Qué más harías? Vamos a ver.

JANDRO.   No dejaría que lo enterraran en el cemen-
terio.

ISAÍAS.   ¿Por qué?

JANDRO.   Porque es tierra sagrada.

ISAÍAS.   ¿Dónde permitirías entonces, hijo mío, que
reposaran sus pobres huesos?

JANDRO.   En un camino, para que todos pisaran en
su tumba y no tuviera un momento de descanso.

ISAÍAS.   ¿Crees que de ese modo seguiría sufriendo
después de la muerte?

JANDRO.   Sí.

ISAÍAS.   ¿Y no te sientes capaz de perdonarle ese último sufrimiento?

JANDRO.   No.

ANTONIA.   (*Nerviosa.*) Hijo, cállate ya. Deja de decir
esas atrocidades.

ISAÍAS.   ¿Por qué no va a hablar, Antonia? ¿Por qué
no va a hablar? Estamos charlando tranquilamente Jandro y yo. No tienes que interrumpirnos.

ANTONIA.   Perdóname, Isaías, perdóname. Es que
estoy nerviosa... Con este calor... (*Suena a lo lejos un
trueno.*) Ya está ahí la tormenta.

> (*Suena otro trueno más prolongado, que escu-
> chan. Antonia se ha santiguado. Un silencio.*)

ISAÍAS.   Tu madre, sin embargo, tendría para él una
gran piedad, ¿verdad, Antonia?

ANTONIA.   Sí. Yo siento por él una gran piedad,
Isaías.

ISAÍAS.   Y tratarías de que no lo castigaran.

ANTONIA.   Trataría de que no lo mataran.

JANDRO.   ¿Por qué, madre?

ANTONIA.   Porque Nuestro Señor nos ha prohibido matar.

JANDRO.   Pero si la Justicia le condena a muerte...

ANTONIA.   (*Niega con la cabeza.*) No hay otra justicia que la de Nuestro Señor Jesucristo. No deberías olvidarte nunca de ello, hijo mío.

JANDRO.   Entonces, ¿qué habría que hacer con él?

ISAÍAS.   Yo te lo diré. Tratar de convertirlo a la religión. ¿Eh, Antonia? ¿Verdad que es eso?

ANTONIA.   Sí.

ISAÍAS.   No hagas caso de nada, Jandro. Tú tienes razón. Hay que ser duros y fuertes. Saber castigar y saber soportar un castigo. Ese es el modo de salir adelante en la vida.

ANTONIA.   (*Con una voz humilde y triste.*) Yo pienso que hay que ser... tiernos..., mansos y humildes de corazón...

ISAÍAS.   Tú lo eres, Antonia. Siempre lo has sido. ¿Te ha dado eso la felicidad?

ANTONIA.   (*Trata de mirar a Isaías con sus ojos semiciegos.*) No creo que en este mundo se pueda ser muy feliz.

ISAÍAS.   Te equivocas. Yo lo he sido. Yo lo soy aún, Antonia. Y no me arrepiento de nada de lo que he hecho para ser feliz, para gozar de la vida.

(*Suena, lejos, otro trueno. Ha entrado Teo.*)

TEO.   ¿Vamos a cenar ya, padre?

ISAÍAS.   Sí. (*Teo vuelve a salir. Isaías va al ventanal.*) Está lloviendo. Esto es bueno para todos. Hay que alegrarse de que llueva. (*Entra Andrea con el mantel. Lo coloca en la mesa. Durante la escena siguiente, Andrea hará varias salidas y entradas en el trajín de poner la mesa.*) ¿Sabes lo que me gustaría, Jandro? Darme ahora un largo paseo debajo de la lluvia, mojándome todo el cuerpo... ¿No te gustaría eso, Jandro? Nos refrescaría del calor. Volveríamos a la casa empapados y riéndonos. ¿No te gustaría?

JANDRO.   Sí que me gustaría, padre.

(Vuelve Teo.)

TEO.   Ya vienen Luisa y Juan.

(Se aparta a un rincón y se sienta.)

ISAÍAS.   Ahora llueve más. Mira.

(Isaías y Jandro miran la lluvia. Suena un true-no más cercano. Llegan Juan y Luisa.)

JUAN.   Buenas noches.

(Nadie contesta. Luisa ayuda a Andrea.)

ISAÍAS.   Se está acercando. Dentro de unos segundos la tendremos aquí encima. *(Suena un trueno más fuerte. Isaías se acerca a la mesa y se sienta. Los demás, enton-ces, se acercan también. En silencio, van ocupando sus puestos. Teo ayuda a su madre. Todos quedan coloca-dos. Isaías parte y reparte el pan.)* ¿Qué rumores hay por el pueblo? ¿Habéis oído algo? ¿Qué se dice del crimen? *(Silencio. Juan y Teo bajan la vista.)* ¡Os estoy preguntando! ¿Se os ha olvidado hablar?

JUAN.   Yo no he oído nada. No. Nada. He estado en el pueblo, pero no he oído nada. Sí, ahora que re-cuerdo. Que no se ha encontrado todavía el arma. Lo estaban comentando en la plaza.

TEO.   Dicen que van a mandar más Policía... de la capital.

(Un silencio.)

LUISA.   Yo he oído que el comisario Roch tiene una pista.

ISAÍAS.   ¿Una pista? ¿Qué clase de pista?

LUISA. No lo sé. Otros dicen que ya sabe quién es el criminal.

ISAÍAS. ¿Y qué espera para detenerlo?

LUISA. A tener pruebas. O puede que esté esperando una denuncia de alguien.

ISAÍAS. ¿Una denuncia de quién?

LUISA. (*Le sostiene la mirada.*) De algún testigo que pudo haber y que hasta ahora puede haber callado por algunas razones que no conocemos. ¡Cualquiera sabe!

ISAÍAS. No. Lo más probable es que no hubiera ningún testigo. Y si lo hubo y ha callado hasta ahora, no creo que llegue a hablar. Sería acusado también de cómplice. ¿Qué te parece a ti, Teo? (*A Teo, que iba a beber agua, se le cae el vaso y se rompe. Suena un trueno.*) ¿Qué te ocurre?

TEO. (*Trata de sonreir.*) Me he sobresaltado...

ISAÍAS. Desde hace dos días no sé lo que os pasa. Estáis nerviosos y torpes en el trabajo... ¿Qué os ha ocurrido?

TEO. Nada. ¿Qué va a ocurrirnos?

JUAN. A mí tampoco. Nada. Ha sido muy desagradable lo del crimen. Eso de que haya salido nuestra casa en los periódicos... Y luego las veces que ha venido la Policía... Todo eso cansa, molesta... Acaban volviéndolo a uno loco...

ISAÍAS. (*Con una tranquila ironía.*) Pobre Juan, ya veo que ha sido demasiado para ti.

JUAN. Sí, padre. De verdad. Ha sido demasiado para mí.

ISAÍAS. Y para Teo también.

TEO. (*Nervioso.*) A mí no me pregunte, padre. A mí no me pregunte. (*Un relámpago.*) Yo no tengo gana de hablar. Estoy malo. (*Suena un trueno.*) ¡Esta condenada tormenta! ¡Me va a romper los nervios!

ISAÍAS. Silencio. No grites en la mesa. ¿Qué te has creído? ¿Es ésa la educación que te he dado?

TEO. (*Desatado.*) Si es que no puedo resistir la tormenta, padre. Es que de pronto me parece que Dios nos va a castigar destrozando la casa con un rayo. (*Se ve*

a través del ventanal un relámpago vivísimo que ilumi-
na todas las caras.) ¿No lo ve? ¿No lo ve?

(*Un trueno.*)

ISAÍAS.   No digas tonterías. ¿Quién nos va a castigar?

TEO.   (*Estremecido.*) No hable así, padre. ¿Que quién
nos va a castigar? Dios. Dios existe. ¿No lo está viendo? No hay que blasfemar, padre. No hay que blasfemar.

ISAÍAS.   (*Se levanta. Enfurecido.*) ¿Pero de qué tienes
miedo? ¿Por qué nos van a castigar? (*Con una sospecha
terrible.*) ¿Por qué?

TEO.   (*Aterrado.*) ¿Cómo? No, yo no he dicho... Yo
no he querido decir...

ISAÍAS.   ¿Por qué nos van a castigar? ¿Por qué?
¿Tenemos algo de que avergonzarnos?

TEO.   No... Claro que no... Nada...

ISAÍAS.   (*Implacable.*) Entonces, ¿qué has querido
decir?

TEO.   (*Casi llorando.*) Nada... Nada...

(*Luisa se levanta.*)

LUISA.   Ya está bien. Es repugnante lo que está haciendo con Teo. Repugnante.

ISAÍAS.   ¡Cállate tú, Luisa! ¡Cállate!

LUISA.   No quiero callarme. Tengo que responder yo.
Me toca hablar a mí. Sí, Juan y Teo están un poco
raros desde hace dos días. Tienen razón para estarlo.

JUAN.   No, Luisa. Cállate.

LUISA.   Teo ha dicho que tiene miedo en esta casa
y que nos van a castigar. A mí tampoco me extrañaría
que nos castigaran.

ISAÍAS.   ¡Habla de una vez! ¡Echa lo que tengas que
echar! ¡Ya estás ahí como una furia! ¡Es lo tuyo!

LUISA.   (*Grita más.*) ¡Sí! ¿Quiere saberlo? He hablado con ellos. Se lo he contado todo.

ISAÍAS.   Pero ¿qué dices? ¿Que les has contado...?

LUISA.   Sí. Se lo he contado todo. Me ha tocado una parte difícil. Decir a unos hombres que su padre es un asesino. Ahora ya lo sabemos todos.

ANTONIA.   (*Gime.*) Pero ¿qué decís? Pero ¿qué estáis diciendo? ¿Qué locuras son ésas?

ISAÍAS.   (*Con los ojos desorbitados.*) ¿Has hablado? Te dije que no hablaras.

ANTONIA.   ¿Es cierto lo que dicen, Isaías? ¿Es cierto lo que dicen?

(*Jandro, asustado, se echa a llorar.*)

ISAÍAS.   Te dije que no hablaras. Te voy a matar.

(*La golpea en la cara.*)

JUAN.   Padre, deje a Luisa. Déjela.

LUISA.   (*Grita como loca.*) Es un asesino. ¿No lo veis? Sería capaz de matarme aquí mismo.

JUAN.   No, Luisa. Tampoco digas eso de nuestro padre.

TEO.   (*Chilla ahora.*) ¿Por qué no va a decirlo, Juan? ¿Por qué no va a decirlo? Si es verdad. Padre, vas a oírlo de una vez. Vas a oír lo que nunca te he dicho. Hoy he tenido tanto miedo, que ya no siento nada. Vas a escucharme. Te odio. Eso es lo que quería decirte. Pero no te odio desde ahora. Te odio desde antes de que mataras a ese pobre hombre. Mi odio no tiene nada que ver con tu crimen. Te odiaría tanto aunque no hubiera ocurrido nada, aunque estuviéramos aquí tranquilos, cenando, y yo te mirara, como siempre, con timidez y tuviera el mismo miedo de siempre... Te odio...

(*Se ha visto un débil relámpago. Suena un true-no lejano. Hay un silencio. Isaías se remueve. Está, de pronto, como más envejecido, como triste y desamparado.*)

Isaías. Entonces, ¿vais a dejar a un pobre viejo solo? ¿Vais a dejarme solo?

(Nadie responde. Baja lentamente el

TELÓN

CUADRO QUINTO

El mismo escenario. Es una tarde de otoño. A través del ventanal vemos árboles desnudos.

(Juan está solo, mirando hacia el exterior. Llega Luisa. Juan se vuelve.)

JUAN.   ¿Cómo está?

LUISA.   Igual. Tiene mucha fiebre.

JUAN.   ¿Qué dice?

LUISA.   Nada. Parece que quiere dormir. Se queda con los ojos cerrados. Pero se ve que no puede. Está inquieto.

JUAN.   ¿Tú crees que al cabo del tiempo y ahora con esta enfermedad, habrá vuelto a pensar en lo que hizo? ¿Que será eso lo que le intranquiliza?

LUISA.   No. Es la fiebre. Y, además, está muy grave, y él lo sabe de sobra. Eso es lo que le intranquiliza.

JUAN.   Tiene mucho miedo a morir, es verdad. Anoche, cuando se encontró peor, daba unos gritos horribles. Pero yo pensaba que lo que le aterrorizaba era morir en el pecado.

LUISA.   No. Lo que hizo este verano no es un pecado para él. Y, además, él no cree que luego haya algo, después de esta vida. Lo que le aterroriza es, simplemente, morir.

JUAN. (*Mueve la cabeza amargamente.*) Mi padre no ha creído nunca en nada.

LUISA. Sí ha creído, Juan. Ha creído en la vida. Todo el cariño que los demás repartimos entre la vida y nuestras creencias..., o nuestras supersticiones..., él lo ha puesto en la vida. No cuenta con otra cosa para vivir..., sólo con la vida...

JUAN. A mi padre la vida le es suficiente... para vivir... Nosotros necesitamos de otras cosas que están más allá..., de los misterios del catecismo..., de creer en cosas que no vemos... Porque, si no, la vida sería para nosotros demasiado amarga... Pero mi padre es tan fuerte que no necesita de nada... Cuando se muera, no habrá nada en el mundo que él no haya hecho..., ni un solo placer que no conozca, ni una emoción, ni una vergüenza... Él habrá pasado por todo... Lo habrá gozado y sufrido todo... ¿Dónde está mi madre? ¿Con él?

LUISA. Sí.

JUAN. Pobre madre... No se ha separado de su lado en toda la noche...

LUISA. Ahora está llorando... porque tu padre no quiere confesarse... Se ha puesto como una furia cuando tu madre se lo ha dicho... Ha querido echarla de la habitación... Tu madre llora porque dice que su alma se va a condenar eternamente..., aunque le parece que él no tuvo toda la culpa de matar... Dice que hacía mucho calor..., que venía preparándose la tormenta..., que no llegaba a estallar, y que un tiempo así vuelve ocos a los hombres. La tormenta estalló una semana Jespués y los hombres se tranquilizaron...; pero para él ya era tarde..., él ya había matado... Eso dice tu madre...

(Llega Teo de la calle.)

TEO. ¿Y el padre?

JUAN. Sigue igual.

Teo. Nos ha dado una noche insoportable. A ver si esta noche duerme y nos deja dormir. (*Lía un cigarrillo.*) He visto al comisario en el pueblo.

Juan. ¿Otra vez ha vuelto?

Teo. Sí. Y no dejará de venir a visitarnos, como tiene por costumbre. Me parece que a este paso iremos acostumbrándonos a su cara.

Juan. (*Nervioso.*) ¿Qué querrá hoy?

Teo. Nada. Como siempre. Vendrá a echar un vistazo, a charlar con nosotros. Y a seguir buscando al criminal.

Juan. ¿Tú crees que sospecha de nosotros?

Teo. Si no, no vendría.

Juan. ¿Y no dejará de venir nunca? ¿Lo vamos a tener siempre aquí?

Teo. Hasta que descubran al asesino.

Juan. ¿Hasta que detengan a nuestro padre?

Teo. Sí; hasta que detengan a nuestro padre o a un inocente contra el que tengan pruebas. Entonces la Policía cerrará una carpeta y no volveremos a ver al comisario Roch. Mientras tanto, seguiremos sufriendo su sonrisa y su amabilidad. No creas que van a cansarse. La Policía tiene mucha paciencia.

Juan. ¿Tú crees que el comisario Roch sospecha de nuestro padre?

Teo. De momento, sospecha de todos nosotros.

Juan. Y viene fingiéndose amigo nuestro para cazarnos.

Teo. Es su oficio.

Juan. ¿Y nosotros vamos a callar siempre?

Teo. Sí. Por una razón o por otra, todos vamos a callar siempre.

Juan. No sé si podremos resistirlo. Llevamos así dos meses. Pero, ¿vamos a poder resistir toda la vida?

Teo. Si es preciso, tendremos que resistir toda la vida.

Juan. Tú querrías hablar, delatar a nuestro padre, ¿verdad, Teo?

Teo. Sí.

JUAN. ¿Y por qué no hablas?

TEO. Por miedo... Siento como una mordaza en la boca... Es el miedo...

JUAN. ¿Y tú, Luisa?

LUISA. Yo también hablaría.

JUAN. Pero no hablas por mí. Porque me quieres y sabes que yo sufriría si lo hicieras.

LUISA. Solamente por eso. Yo no tengo miedo.

JUAN. Es otra mordaza... Y sigue el silencio... Yo no hablo porque tengo piedad de mi padre, porque me da lástima de él, porque no puedo olvidar que es mi padre... Estoy amordazado por mi compasión... Y en esta casa, desde hace dos meses, no hay nada más que silencio... Un espantoso silencio...

JUAN. Nuestra madre y Jandro no se atreven a hablar porque creen que cualquier palabra podría ser aprovechada para ejecutar a nuestro padre... Andrea es fiel y calla... Todos callamos... Todos...

LUISA. Hay silencio en la casa. Parece como si no ocurriera nada por dentro, como si todos estuviéramos tranquilos y fuéramos felices. Esta es una casa sin disgustos, sin voces de desesperación, sin gritos de angustia o de furia... Entonces, ¿es que no ocurre nada? ¿Nada? Pero nosotros palidecemos día a día..., estamos más tristes cada día..., tranquilos y tristes..., porque no podemos vivir... Esa mordaza nos ahoga y algún día va a ser preciso hablar, gritar..., si es que ese día nos quedan fuerzas... Y ese día va a ser un día de ira y de sangre... Pero, mientras tanto, ¿verdad, Juan?, silencio... "¡Te voy a matar si hablas!", me dijo vuestro padre... El buen silencio...

> *(Entra, desmejorado y pálido, Isaías. Lo siguen Antonia y Jandro, que no se han atrevido a impedir que Isaías se levante.)*

ISAÍAS. ¿Qué habláis ahí? ¿Qué estáis tramando entre vosotros?

JUAN. Nada, padre.

ISAÍAS. No tenéis que hablar nada entre vosotros.

JUAN. Padre, ¿cómo se ha levantado?

ISAÍAS. Preferirías que me estuviera en la cama, ¿verdad? Que me muriera.

JUAN. No, padre. ¿Cómo puede pensar eso?

ISAÍAS. Dejadme en paz. Tengo que salir a ver qué ocurre en la casa. No sabéis hacer nada. Tengo yo que cuidarlo todo. ¿Qué va a ser de vosotros cuando yo me muera? Vais a andar como locos por la casa sin saber adónde vais ni qué hacéis.

JUAN. Debería acostarse, padre.

ISAÍAS. ¡No quiero acostarme! No quiero acostarme, mientras aquí se traman cosas contra mí. ¿Os creéis que soy un imbécil? Lo sé de sobra. Estáis tratando de entregarme a la Policía. ¡Estáis tratando de entregar a vuestro padre! Os aprovecháis de que estoy un poco enfermo para eso. Pero ya me encuentro bien. Ya ha pasado todo. No tengo fiebre. Así que no tratéis de jugar conmigo. No soy un viejo enfermo... Tengo fuerza... ¿Queréis luchar conmigo? Os venzo a todos y os tiro al suelo si me lo propongo... ¿Quieres probar tú, Juan? ¿Quieres luchar en broma conmigo? Vamos, vamos a luchar.

(Coge a Juan por un brazo y trata de zarandearlo.)

JUAN. Está ardiendo, padre. Tiene mucha fiebre. Se va a poner peor.

ISAÍAS. ¡Te voy a dar una paliza, Juan! ¡Te voy a dar una paliza! Me has levantado la voz y te voy a dar una paliza. ¿Qué te has creído?

(Levanta la mano. Juan se la sujeta.)

JUAN. No me pegue, padre. No le he hecho nada.

ISAÍAS. ¡Suéltame! ¡Suéltame! (Juan lo suelta.) Has tratado de hacerme daño. Me has apretado bien. Pero no has conseguido nada. ¿Qué esperabas? ¿Que chillara como una mujerzuela?

JUAN. Le he sujetado para que no me pegara, padre.

ISAÍAS. Estoy un poco enfermo, es verdad. Si no, te daría ahora tu merecido. Hablaremos cuando esté mejor, Juan. Lo que has hecho con tu padre enfermo no tiene perdón. Ahora sí. Ahora sí me siento mal. De pronto no veo. ¡Cuando esté bueno os voy a matar a todos! Tengo mucho frío. Estoy muy cansado. Me parece que me voy a caer. Ayudadme. (*Luisa, Juan y Teo no se mueven. Antonia se remueve inquieta, sin atreverse a acudir. Jandro acude, y lo sujeta.*) El buen Jandro..., justiciero y poco misericordioso...

JANDRO. (*Humilde.*) Perdóneme por aquello, padre.

ISAÍAS. "Que lo cuelguen en la plaza del pueblo... Que no lo entierren en tierra sagrada... Que lo entierren en un camino para que todos pisen su tumba y no tenga un minuto de descanso..." ¿Es eso lo que deseas para mí, hijo mío? (*Jandro niega con la cabeza, llorando.*) Acompáñame, hijo mío. Llévame a la cama. Estoy un poco cansado hoy..., un poco cansado... (*Inicia el mutis, conducido por Jandro. Al llegar a la puerta, se vuelve y dice a todos.*) No os tengo miedo. Veo que estáis todos contra mí. Pues no me importa. Os desafío. No diréis nada a la Policía porque no sois capaces. Sería demasiado terrible para vosotros. Ya veo que no puedo contar con vuestro cariño. No me queréis. Contaré con vuestro miedo. No me importa. Los muchachos guardarán silencio, ¿verdad? (*Ríe burlonamente.*) Si alguno llegara a hablar se arrepentiría. Os lo juro. Y los demás no podrían perdonárselo nunca. Ninguno de vosotros podría ya ser feliz. También os lo juro. (*A Jandro, al salir.*) Vamos, hijo mío. Vamos.

(*Sale con Jandro. Un silencio.*)

JUAN. ¿Y vamos a continuar siempre así?

TEO. Sí. Siempre.

JUAN. ¿Y qué hemos hecho nosotros para merecer este castigo?

TEO. Nada. No hemos hecho nada.

(Se oyen golpes en la puerta de la casa. Un silencio. Llega el Comisario Roch, sonriente.)

COMISARIO.   Buenas tardes. *(Nadie le contesta. El Comisario avanza.)* He venido a dar una vuelta por el pueblo y, como de costumbre, vengo a hacerles una visita. ¿Están bien?

ANTONIA.   Sí, señor comisario.

COMISARIO.   Y el señor Krappo, ¿cómo sigue?

ANTONIA.   Sigue enfermo. Está pasando muy malos días.

COMISARIO.   *(Enciende un cigarrillo.)* ¿Hay algo nuevo por aquí? ¿Alguna novedad? ¿No tienen nada que contarme? *(Juan se remueve.)* Usted, Juan, ¿ha descubierto algo que pueda conducirnos a una pista? No vacile en decírmelo, por insignificante que le parezca. En estos casos nada es insignificante. *(Juan no responde.)* ¿O es que no tiene nada que contarme?

JUAN.   Pues... *(Hay un silencio angustioso de todos. Juan vacila.)* No, señor comisario. *(Niega con la cabeza.)* No. No tengo nada que contarle.

OSCURO

CUADRO SEXTO

El mismo escenario.

*(Está Luisa sola. Mira por el ventanal. Está
inquieta. Le parece que ha oído un ruido y se
sobresalta. A través del ventanal hace un gesto a
alguien de que se dé prisa. Va a la puerta de la
habitación y la abre. Entra el Comisario Roch.)*

COMISARIO. Me han dicho que quiere hablar conmigo.

LUISA. Sí.

COMISARIO. ¿Ha ocurrido algo desde la última vez
que estuve aquí... hace quince días?

LUISA. No. No ha ocurrido nada nuevo.

COMISARIO. ¿Entonces?

LUISA. Tengo que hablar con usted.

COMISARIO. ¿Dónde está el resto de la familia?

LUISA. Trabajando fuera de la casa. Por eso me he
atrevido a llamarle.

COMISARIO. Yo pensaba venir a hacerles mi visita de
siempre.

LUISA. Era preciso que viniera en este momento.
Estoy yo sola y podremos hablar.

COMISARIO. Pues usted dirá.

LUISA. No sé si hago bien, pero estoy decidida a
hablar. No puedo soportar más lo que ocurre en esta

casa. No podemos soportarlo ninguno; pero, por una razón o por otra, nadie habla. Yo voy a hacerlo.

COMISARIO. Está bien. Hable. ¿Qué es lo que ocurre en esta casa?

LUISA. (*Nerviosa.*) ¿Quiere mirar si viene alguien? Por favor.

> (*El Comisario se levanta y va al ventanal. Mira hacia el exterior. Después va a la puerta. Vuelve.*)

COMISARIO. (*Sonríe tranquilizadoramente.*) No hay nadie. Puede hablar sin ningún temor.

LUISA. En esta casa todos sabemos quién mató a aquel hombre.

COMISARIO. ¿Que ustedes saben...?

LUISA. Sí, lo sabemos. Y no lo hemos dicho porque ha sido uno de nosotros.

COMISARIO. (*Enciende un cigarrillo.*) El viejo Isaías Krappo, ¿verdad?

LUISA. (*Sorprendida.*) ¿Cómo lo sabe?

COMISARIO. Lo sospechaba, pero no teníamos pruebas contra él. ¿Tiene usted alguna prueba de que él es el asesino?

LUISA. Yo lo vi.

COMISARIO. ¿Aquella noche... estaba usted despierta?

LUISA. Sí.

COMISARIO. ¿Desde dónde lo vio?

LUISA. Desde esa ventana.

COMISARIO. ¿Por qué no lo dijo al día siguiente?

LUISA. Porque él me amenazó.

COMISARIO. ¿Y después?

LUISA. Después fueron sabiéndolo todos, y entre todos formamos un silencio raro... y difícil.

COMISARIO. Le agradezco mucho que haya hablado. Estaba esperando este momento. Sabía que tenía que llegar. Ustedes no iban a callarse toda la vida. Era demasiado.

LUISA. ¿Estaba usted esperando?

COMISARIO. Sí.

LUISA. Entonces, tenía usted la seguridad de que el viejo era el asesino.

COMISARIO. Casi la seguridad.

LUISA. ¿Por qué?

COMISARIO. (*Sonríe.*) Soy policía. Estoy algo acostumbrado a oler criminales. Lo difícil es encontrar las pruebas.

LUISA. ¿Usted nos ha espiado durante todo este tiempo?

COMISARIO. No. Simplemente he venido a visitarles.

LUISA. Usted venía sonriendo y nos trataba con simpatía y casi con familiaridad; pero, en realidad, estaba espiándonos.

COMISARIO. Era preciso que ustedes se sintieran tranquilos y confiados en mi presencia. Es una cuestión de método.

LUISA. ¿Hay otros métodos?

COMISARIO. ¡Oh! Hay muchos métodos. Pero, en este caso, bastaba con esperar. Viniendo, he acelerado un poco el proceso; pero ustedes, más tarde o más temprano, hubieran ido a buscarme a la Jefatura. Y de no estar yo, hubieran preguntado por otro policía cualquiera o hubieran vuelto un día y otro hasta encontrarme. Pero era preciso acelerar un poco la investigación.

LUISA. ¿Y usted venía a vernos para darnos oportunidades de hablar?

COMISARIO. Exactamente.

> (*Un silencio. Luisa mira al Comisario con desprecio.*)

LUISA. El suyo es un oficio bastante desagradable: ¿no le parece, señor comisario?

COMISARIO. Sí, muy desagradable... en algunas circunstancias.

LUISA. Yo no me arrepiento de haber hablado, porque tenía que hacerlo; pero no siento por usted ni la más pequeña simpatía. Sépalo.

COMISARIO. Lo lamento. He cumplido con mi deber.

(Un silencio.)

LUISA. Y ahora, ¿qué piensa hacer con el viejo?

COMISARIO. Detenerlo en cuanto consiga el auto de detención.

LUISA. *(Con miedo.)* ¿No puede detenerlo inmediatamente?

COMISARIO. No.

LUISA. *(Grita.)* ¡Tiene que detenerlo inmediatamente! ¿Cómo lo va a dejar aquí ahora? Usted no lo conoce. Dijo que me mataría si hablaba.

COMISARIO. No tiene por qué saber que usted ha hablado hasta que yo venga a buscarlo con la orden de detención.

LUISA. *(Con nervios.)* Me lo notará. Me notará que he hablado.

COMISARIO. Vamos, cálmese.

LUISA. Tengo frío. Estoy temblando. Me lo notará.

COMISARIO. Tiene que calmarse. Tiene que ser valiente ahora... hasta el final.

LUISA. No puedo. No puedo. Me lo va a notar. Se da cuenta de todo. Es un demonio. ¿Cuánto tiempo puede tardar usted?

COMISARIO. Quizá pueda venir dentro de un par de horas. Quizá no pueda volver hasta mañana.

LUISA. ¡No!

COMISARIO. Procuraré volver lo antes posible.

LUISA. ¡No! ¡Usted no puede irse! ¡Estoy segura de que ocurriría una desgracia! ¡Hágame caso! ¡No se vaya, señor comisario! ¡No se vaya! Puede enviar a alguien.

COMISARIO. Debo ir yo. Lo siento.

LUISA. Entonces, ¿va a dejarme sola?

COMISARIO. Queda usted con su marido. Si ocurriera algo, no tiene nada que temer. Hay varios hombres en la casa.

LUISA.   Usted no conoce a esos hombres, señor comisario. No se atreverían a defenderme. Tienen horror al viejo. Le tienen horror.

> *(Entra Isaías Krappo. Queda junto a la puerta, mirando alternativamente a Luisa y al Comisario. Luisa se echa a llorar nerviosamente. Isaías la mira con fijeza y se acerca a ella. Le pasa una mano por la cabeza, bajo la mirada vigilante del policía. Acaricia la cabeza de Luisa, que llora más fuertemente. Isaías levanta el rostro hacia el Comisario.)*

ISAÍAS.   Se lo ha contado todo, ¿verdad?

> *(Su voz suena dulce, tranquila.)*

COMISARIO.   Sí.

ISAÍAS.   La pobre no ha podido callarlo por más tiempo. Era demasiado para ella. ¿No cree usted, señor comisario?

COMISARIO.   Sí. Era demasiado para ella.

ISAÍAS.   Esto tenía que terminar así. Me di cuenta desde el principio. Al día siguiente ya me había dado cuenta de que había sido un error matar a aquel hombre. No hacía falta matarlo. Mi mujer suele decir que las noches de calor vuelven locos a los hombres. Tiene razón. Yo he cometido todas mis pequeñas locuras en tiempo de calor. No sé por qué será. Es curioso, ¿eh?

COMISARIO.   Y si se daba cuenta de que la partida estaba perdida para usted, ¿por qué no se entregó desde el principio?

ISAÍAS.   *(Ríe.)* No. ¿Cómo iba yo a hacer eso? A mí siempre me ha divertido luchar. Nunca me he dado por vencido. Esta era una partida que me divertía jugar porque era una partida difícil. Y, además, durante este tiempo de lucha, he gozado terriblemente de la vida. He vivido día a día como si cada momento fuera a ser el último. Ha sido maravilloso.

COMISARIO.   ¿Querrá usted acompañarme a la ciudad?

ISAÍAS.   ¿Quiere llevarme detenido?

COMISARIO. Todavía no. Hasta ahora, sólo puedo rogarle que me acompañe.

ISAÍAS. (*Ríe.*) No, mi querido amigo. La lucha, por ahora, continúa. Usted tiene que traer una orden de detención. ¿Qué creía? ¿Que la cosa le iba a ser tan fácil?

COMISARIO. Puedo volver dentro de dos horas con la orden de detención.

ISAÍAS. Hágalo. ¿Quién se lo impide? Tendré tiempo de despedirme de mi familia.

LUISA. No. No se vaya. No se vaya.

ISAÍAS. Vamos, Luisa. ¿Por qué dices eso? El señor comisario va a suponer que yo pienso haceros algún daño. ¿Y qué voy a haceros yo...? (*Se estremece. Murmura.*) Con este frío... (*Transición. Alza la vista y se queda mirando al Comisario fija y curiosamente.*) Es curioso lo que nos ha ocurrido, ¿eh, señor comisario? Ahora caigo en la cuenta de que es muy curioso.

COMISARIO. ¿A qué se refiere?

ISAÍAS. A que nosotros hemos sido compañeros y hemos luchado por la misma causa. Y ahora parece como si todo aquello hubiera sido una especie de sueño, ¿verdad, camarada? Como si no hubiéramos sido compañeros nunca. ¿Me dejas que por un momento te llame camarada?

COMISARIO. Sí. Lo hemos sido.

(*Un silencio.*)

ISAÍAS. (*Ríe.*) Me da risa pensarlo.

COMISARIO. ¿Pensar qué?

ISAÍAS. Que si a ese hombre lo hubiera matado hace cuatro años, tú te hubieras puesto muy contento. Y que yo, por lo mismo que ahora soy un criminal, entonces hubiera sido un héroe. (*Ríe.*) ¿No te hace gracia? Uno es un héroe o un criminal, según las circunstancias, aunque el muerto sea el mismo.

(*Vuelve a reír.*)

COMISARIO. Déjate de pensar en esas cosas. (*Un silencio. Dice lentamente.*) ¿Por qué no lo mataste a tiempo? Ese ha sido tu error, y ahora tienes que pagarlo.

ISAÍAS. ¡No lo maté a tiempo! ¿Has oído, Luisa? ¡Que no lo maté a tiempo!

COMISARIO. No lo mataste cuando él era un asesino.

ISAÍAS. Claro. Ya no era un asesino. ¿Quieres decir eso?

COMISARIO. Había pasado por la cárcel. Había sido torturado. Tenía derecho a volver a vivir entre las gentes honradas.

ISAÍAS. Bueno. Eso ya pasó. Todo ha terminado. Me gusta ver que, por lo menos, nos hemos reconocido como compañeros, nos hemos tuteado. Hubiera sido muy mortificante para mí que en estos momentos me hubieras tratado mal, con despotismo, como acostumbráis... No. Tú has sabido reconocer a un viejo camarada.

COMISARIO. No te había visto nunca, pero he reconocido en ti a muchos compañeros míos de aquellas horas. Tienes la misma mirada triste, el mismo gesto un poco torcido.

ISAÍAS. Tú, en aquellos momentos, eras un hombre nervioso y rápido. ¿A que sí? He conocido a muchos como tú. Parecía que no ibas a poder dominar tus nervios, y hasta las piernas te temblaban; pero en el momento en que había que actuar, en el momento en que había que poner la bomba o colocar la dinamita en la vía del tren, te quedabas terriblemente tranquilo..., como si fueras un hombre sin nervios...; pero aquella noche ya no podías dormir...

COMISARIO. (*Con voz sorda.*) Es verdad.

ISAÍAS. En aquellos momentos daba miedo verte. Cuando no había nada que hacer, bebías, para no acordarte de lo último que habías hecho. Tenías remordimiento del último tren que habías volado, del último muerto inútil. Te emborrachabas.

COMISARIO. Sí, es verdad. ¿Cómo puedes saberlo?

ISAÍAS. He luchado junto a hombres como tú, y los he sentido temblar a mi lado.

COMISARIO. ¿Tú no temblabas?

ISAÍAS. No. Yo, no. (*Un silencio.*) Y ahora, ¿qué me va a ocurrir? ¿Qué me van a hacer ahora? (*Sombrío, con voz algo insegura.*) Yo lo maté en legítima defensa. Venía a matarme a mí.

COMISARIO. ¿En legítima defensa... un tiro por la espalda?

ISAÍAS. Me amenazó de muerte.

COMISARIO. Tenía motivos para hacerlo. (*Lo mira fijamente.*) ¿Te acuerdas? (*Un silencio.*) Y ahora van a acusarte por un triple crimen. El asunto va a ser bastante penoso...

ISAÍAS. ¿Me condenarán a muerte?

> (*El Comisario se encoge de hombros. Un silencio. Parece que el Comisario despierta de un sueño. Se levanta.*)

COMISARIO. Tengo que detenerle, señor Krappo. (*Sale a la puerta y llama hacia fuera.*) ¡Agente! (*Entra un Agente, que se cuadra ante el Comisario.*) Vigila al señor Isaías Krappo hasta que yo vuelva. Ten montada la pistola. Mucho cuidado. Hasta luego.

> (*El Comisario sale. El Agente monta la pistola y se la guarda en un bolsillo, del que no saca la mano. Un silencio. Isaías se acerca a Luisa.*)

ISAÍAS. Hija mía..., ¿de verdad tú piensas que yo... podría hacerte algún daño?

LUISA. Usted me dijo... que me iba a matar...

ISAÍAS. Tenía que asustarte de algún modo para que no me delataras. Ahora ya todo ha terminado y sólo quiero... que no me rechaces en el último momento... (*La abraza y la estrecha contra su pecho.*) Que tengas para mí una palabra amable y una mirada de cariño... ¿Es mucho pedirte? ¿Es mucho pedirte, hija mía?

*(Luisa trata de soltarse, pero Isaías la retiene.
Forcejean.)*

LUISA.   ¡Suéltame! ¡Suéltame!

*(El Agente interviene y retira a Isaías. Lo arroja
brutalmente contra un sillón. Isaías trata de remo-
verse, pero el Agente le apunta con la pistola.)*

AGENTE.   Quieto. O se la va a jugar.

*(Isaías queda inmóvil. Luisa entonces se echa
a reir nerviosamente. Se ríe de Isaías. Lo mira y
se ríe.)*

ISAÍAS.   No te rías, Luisa. No te rías. ¿De qué te
ríes? No te rías así. (*Se tapa los oídos.*) ¡No te rías así!

OSCURO

EPÍLOGO

El mismo escenario. Es de noche. La chimenea está encendida.

(Están sentados a la mesa Antonia, Luisa, Teo y Jandro. Cenan en silencio.)

JANDRO.   No tengo hambre. No puedo comer.

(Deja la cuchara y se pasa una mano por los ojos.)

ANTONIA.   Yo tampoco.

(Un silencio.)

TEO.   Está tardando Juan.

LUISA.   *(Con la mirada baja.)* Sí, ya debería estar aquí.

JANDRO.   ¿Para qué lo habrán llamado? ¿Será que padre necesita algo?

TEO.   Si lo que quiere es que alguno vayamos a verle, yo no voy.

JANDRO.   Yo quiero ir.

ANTONIA.   Tú no irás, Jandro. Se te quedaría grabado todo en la memoria y ya no podrías olvidarlo nunca. ¿Cómo vas a verlo ahora? ¡Tenéis que recordar a vuestro padre en otros momentos de la vida!

(Está llorando.)

Teo.   Madre, no tienes que llorar por él. No se merece que tú llores. Siempre te ha tratado mal. Y tú, Luisa, no tienes que estar triste. Hiciste bien. Teníamos que haberlo hecho antes. No podíamos aguantar más.

Luisa.   No debí hacerlo. Estoy arrepentida. Juan no quiere hablar conmigo. Tendré que irme de la casa.

Teo.   ¿Por qué te vas a ir? Verás cómo todo se arregla. Cuando Juan se dé cuenta de cómo era realmente nuestro padre y de hasta qué punto nos despreciaba a todos... Él es tan bueno, que todavía no lo sabe. Ya lo sabrá.

(Un silencio.)

Antonia.   ¿Qué creéis que siento desde que se han llevado a vuestro padre? Siento que soy mala.

Teo.   ¿Por qué?

Antonia.   Porque por encima del gran dolor que debía sentir porque haya hecho cosas tan terribles y se encuentre ahora en esta situación, por encima de ese dolor que debería sentir, siento hoy una gran paz, una gran tranquilidad... por fin... Hoy estoy tranquila entre vosotros. Hoy no tengo miedo. Hoy sé que no puede ocurrir nada malo en la casa.

Teo.   Yo no siento ningún dolor. Estoy bien así. Hoy me encuentro a gusto en la casa. Voy por donde quiero y sé que nadie me busca para torturarme. Así que me alegro de que se hayan llevado al padre.

Jandro.   No deberías decir eso, Teo. Ni en broma. No deberías decir una cosa así.

Teo.   Es lo que pienso.

Jandro.   Yo sé menos que vosotros de las cosas. Soy más pequeño que vosotros. Pero pienso que nuestro padre, por muchas cosas terribles que haya hecho, se merece nuestro respeto de hijos. Eso pienso yo. No podemos ahora volvernos todos contra él, ¡ahora que está vencido! Y a ti, Luisa, yo no te perdono... Yo no te perdono..., yo no puedo perdonarte que...

(Un silencio.)

LUISA. Lo siento, Jandro.

JANDRO. No te perdonaré nunca.

LUISA. Tendría que contarte algo más de tu padre, y puede que llegaras a comprenderme; puede que llegaras a ver qué clase de hombre era vuestro padre.

JANDRO. ¿Qué vas a contar?

LUISA. No. Es demasiado sucio, y si Juan se enterara, sufriría mucho. Prefiero que él tampoco me perdone, antes de contárselo.

JANDRO. ¿Qué es?

LUISA. Nada.

JANDRO. Vamos, dilo. Ahora tienes que hablar.

LUISA. ¿De verdad quieres saberlo?

JANDRO. Sí.

LUISA. Da risa. Es una cosa que da risa.

JANDRO. Habla.

LUISA. Tu padre, Jandro, me hacía el amor. ¿No te diviertes pensándolo?

JANDRO. ¡Eso es mentira! Ahora todo cae sobre él. Ahora que no puede defenderse.

LUISA. ¡Eso es verdad! ¡Te digo que es verdad, Jandro! *(Suena ruido en la puerta. Ha llegado Juan. Se queda en la puerta, como sin atreverse a pasar.)* ¡Juan! *(Juan no responde.)* ¡Juan! ¿Qué ha ocurrido?

JUAN. Esto se ha terminado. ¿Lo oís? Esto se ha terminado para siempre. Ya no puede ocurrir nada. Podemos estar tranquilos. Ya ha pasado todo.

LUISA. ¿Qué quieres decir?

JUAN. No quisiera deciros nada hoy. No quisiera haber venido. Me gustaría haberme muerto por el camino. Todo antes que venir esta noche aquí.

TEO. Habla de una vez, Juan. Ya está bien. ¿Ha ocurrido algo?

JUAN. ¿Por qué queréis saberlo? Si deberíais negaros a oírme. Si deberíais taparos los oídos. Estáis ahí todos, escuchando, y hoy no podéis oír más que una desgracia terrible.

LUISA.   Pero ¿qué te pasa, Juan? ¿Qué es lo que te pasa?

JUAN.   Han matado a padre. Lo han matado. A mí no me pasa nada. Han matado a padre.

(Un silencio.)

TEO.   ¿Que lo han matado?

JUAN.   Sí.

TEO.   ¿Cómo ha sido? ¿Qué ha ocurrido para que lo mataran?

JUAN.   Lo han acribillado a balazos en el patio de la prisión. Me llamaban para comunicarme la noticia. Ha sido espantoso oírlo.

(Luisa se ha levantado.)

LUISA.   ¿Que lo han matado? ¿Cómo ha sido?

JUAN.   *(Se pasa una mano por los ojos.)* Trató de escapar. Daba gritos por las noches en la celda. No podía estar encerrado allí. Me han dicho que daba miedo escucharle. Se escapó y empezó a dar gritos como un loco. Se pusieron a disparar contra él. Ya le habían alcanzado y aún seguía corriendo. Le dispararon más y cayó al suelo. Todavía se levantó. Le costó trabajo morir. Volvió a caer y aún hubo uno que le siguió disparando. Lo destrozaron. Este ha sido el fin de nuestro padre.

(Un tremendo silencio. Todos han quedado inmóviles. Jandro se echa a llorar.)

TEO.   *(Lo coge de los hombros y lo levanta.)* Cállate, Jandro. No llores. Eso es lo que quisiera él.

JANDRO.   *(Aterrado.)* Déjame. Déjame. Me das miedo.

TEO.   Pero, ¿no os dais cuenta? Esta ha sido su venganza. ¿No os acordáis de lo que dijo? "Si alguno llegara a hablar, se arrepentiría. Los demás no podrían perdonárselo nunca. Ninguno de vosotros podría ser ya feliz." ¿No os acordáis? ¡Y se ha vengado! No es que quisiera escapar. Sabía de sobra que no podría escaparse. Tampoco es que saliera corriendo porque se hubiera vuelto loco. No. Lo hizo para vengarse. Salió corriendo para que dispararan y lo mataran allí mismo; para dejarnos ese recuerdo; para que nos horrorizáramos, y tú, Juan, te pusieras tan pálido como estás ahora. Para que Jandro se echara a llorar con ese desconsuelo. Para eso se dejó matar.

JUAN. (*Con voz atemorizada.*) ¿De verdad tú crees... todo eso?

TEO. Sí. Y hay que defenderse. Hay que olvidarse de él y de su muerte. Hay que vivir, vivir, por encima de todo...

JUAN. (*Con una voz lenta, grave y sombría.*) Es que entonces..., si fuera así..., si todo fuera como tú dices; si padre se hubiera matado para vengarse, todo sería más sencillo. No habría que sufrir. Nos defenderíamos. Responderíamos a su venganza olvidándolo, trabajando, siendo felices. Pero ¿cómo lo sabemos? ¿Y si no ha sido así? ¿Y si ha muerto sufriendo por nosotros, desesperado y triste de ver que sus hijos no han llorado por él y han llegado a entregarlo a la Policía? ¿Quién sabe lo que ha pensado en el último momento? Tendremos siempre, toda la vida, que pensar en esto, y nunca sabremos nada, y nunca conseguiremos ser felices. (*Se levanta. Va a la ventana. Respira profundamente.*) Y, sin embargo..., a pesar de todo..., esta noche, ¡qué paz..., qué paz tan grande! No lloramos, a fin de cuentas. Estamos tranquilos. Puede que nos cueste trabajo confesarlo, pero nos encontramos bien. Hace buen tiempo. Parece que se prepara un buen año. Si todo sigue así, el pueblo volverá a resurgir, a pesar de todas las calamidades. Habrá fiestas como antes. Las gentes estarán contentas en toda la comarca y nosotros estaremos con ellos, y nos alegraremos con ellos. Creo que podemos mirar tranquilos al porvenir. Las cosas van bien, gracias a Dios. No hay motivos para quejarse. ¿Verdad que no hay motivo? ¿Verdad? (*Nadie le contesta. Mira a su alrededor, desolado. Se fija en su madre.*) Madre, estoy muy triste. Estoy muy triste. Me parece que yo también voy a llorar.

ANTONIA. No. No hay que llorar. Hay que tener piedad de él, pero no hay que llorar. Alguien tiene que rezar por su alma... Pero sin llorar. Dejadme a mí para eso en la casa... No os importe dejarme sola rezando. Si ya no sirvo para otra cosa, hijos... No os apenéis si me encontráis callada y como triste en un rinconcito de la casa... Tengo esperanzas de salvarlo, de sacarlo de allí... La pobre vieja aún tiene algo que hacer... Dejadla... "La vieja está rezando", podéis decir tranquilamente cuando alguien os pregunte por mí al volver del trabajo. ¡Al volver del trabajo, hijos míos! Porque vais a volver... y volveréis a mirar al cielo con inquietud porque no llueve..., y a comentar el precio de las cosas..., y a decir que todo está muy difícil..., y a reuniros por la noche, durante el invierno, junto a la chimenea..., como si la vida hubiera empezado hoy, hijos míos, y todo lo demás hubiera sido un triste sueño... Hay que seguir viviendo... Es lo último que os pide vuestra madre antes de que ya no podáis contar con ella para nada..., antes de que empiece a rezar...

(Queda postrada, como rezando. Un silencio. Teo se acerca a Juan.)

TEO. Ya estás más tranquilo, ¿verdad? ¿Te encuentras bien?

JUAN. Sí.

TEO. ¿Y tú, Jandro?

JANDRO. (*Con un leve estremecimiento.*) Hace un poco de frío, pero no me encuentro mal del todo.

(Un silencio.)

TEO. Este otoño no ha hecho todavía mucho frío.

LUISA. (*Con una voz humilde y triste.*) Otros años, por este tiempo, ya hacía más frío, ¿verdad?

JUAN. (*Asiente, soñador, sin mirarla.*) Oh, sí... Otros años, por este tiempo... Otros años, por este tiempo, recuerdo que...

(*El telón ha ido bajando lentamente.*)

FIN DEL DRAMA.

ÍNDICE DE LÁMINAS

ESTE LIBRO
SE TERMINÓ DE IMPRIMIR
EL DÍA 2 DE SEPTIEMBRE DE 1988